詳しく学ぶ経営学

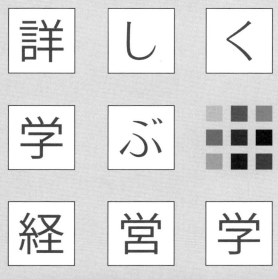

白土 健・宮田 純 編著　高柳直弥・井戸大輔

BUSINESS ADMINISTRATION

八千代出版

はじめに

　高度経済成長から早や50年。わが国はかつて経験したことがない「人口減少」、「少子高齢化」、「高度情報化社会」、「国際化」、「環境問題の意識の高まり」、「格差社会の広がり」等の社会環境の変化に、もがき苦しんでいる。つまり、変化による激動期である。

　人にも産業界にも寿命があるように、誕生から成長期〜成熟期〜衰退期を経て、やがては終焉を迎えてしまう。しかし企業の最大の目的は存続である。環境の変化に抗うためにも、変化への対応が急務である。

　本書は、この分野の全体的な把握を目的とした読者の要望に応えたものであり、とくに、大学や短期大学、専門学校などにおいて経営学分野のカリキュラムを履修する学生や、会社についての基礎的素養を求める社会人を対象として編んだものである。したがって、会社の役割、活動に不可欠な要素、会社の種類、会社組織の全体像、あるいは、会社の取り組みに位置する経営計画、マーケティング、経営戦略、会計および財務、さらには、会社の経営と情報、課題、将来性、またそれぞれの関係性、といった多岐にわたるテーマが設定されている。そして、全体を通して、できるだけ平易な文章表現に努めながら、数多くの事例や多彩な図を各章に散りばめ、専門用語の解説を施すなど、初学者に向けて接しやすい内容展開となっている。また、それだけでなく、広い視野から経営学への理解を深化させるといった目的下に、経済指標など各種データを紹介しながらの解説に努めた点もおおいに参考としてもらいたいものである。

　このようなコンセプトにより成立した本書は、経営学の知識の習得だけでなく、その学習を通じながらさまざまな未来への展望を想起するきっかけ、あるいは端緒としての活用に資するものであるが、それを実践的な生きた教材へと成長させるか否かは、あくまでも読者次第である。したがって、各章末に記載された **Check** 項目への取り組みを参考としながら、それに、読者自身の観点や経験、あるいは疑問や理想などを加味し、行きつくところとして、読者自身の頭の中にあるだろう本棚に本書を並べてもらいたいと思う。それこそが、執筆者一同が期待する本書のありかたである。

　最後に、本書は、執筆者の皆さんのご協力の賜物である。編著者として、感謝の気持ちをここにお伝えさせていただきたい。また、本書の出版までにさまざまな建設的な助言をいただいた八千代出版株式会社代表取締役の森口恵美子氏、ならびに、同編集部井上貴文氏に心よりの御礼を申し上げたい。

2019年2月

著者を代表して
白土健・宮田純

目　次

はじめに　i

1　経営学の成り立ち　……………………………………………………　1
(1)　経営学とは何か　1
(2)　学問としての経営学　3
(3)　経営学の活用　4

　　コラム1：会社四季報から読み取る成長企業—ニトリの場合—　8

2　会社とは何か　……………………………………………………………　9
(1)　会社の種類　9
(2)　会社と社会　14

3　会社の活動について　……………………………………………………　18
(1)　会社にとって必要なものとは　18
(2)　会社のさまざまな活動　21

4　組織としての会社　………………………………………………………　25
(1)　組織を管理する　25
(2)　さまざまな組織の形　29
(3)　働き手の管理について　33
(4)　組織におけるリーダーシップの役割　36

5　会社の経営計画について　………………………………………………　38
(1)　会社の経営を計画する　38
(2)　経営計画をつくる　42

　　コラム2：SWOT分析は戦略立案のもと　47

6　マーケティングについて　………………………………………………　48
(1)　マーケティングとは　48
(2)　マーケティング近視眼　50
(3)　マーケティング環境の分析とSTP　50
(4)　マーケティング・ミックス　54
(5)　マーケティング・リサーチ　59

　　コラム3：旅行産業の4Pを考えてみよう　61

7　会社の経営戦略について　62
(1)　経　営　戦　略　62
(2)　製品市場戦略　66
(3)　競　争　戦　略　69

　　　コラム4：ニトリの経営戦略　74

事例紹介
　　物流トータルコーディネーター企業にみる経営戦略　成田運輸株式会社 …… 75

8　会社とお金の関係　81
(1)　会社とお金　81
(2)　お金に関する具体的な活動　83

9　会社と情報　88
(1)　会社と情報の関係性　88
(2)　会社と情報セキュリティ　92

　　　コラム5：会社の情報とデータ　96

10　会社にとっての課題　97
(1)　社会に対する責任―CSR―　97
(2)　成長への挑戦―M＆Aについて―　101
(3)　不祥事の問題　104

11　未来の会社のありかたとは　108
(1)　グローバル化社会と会社の関係性　108
(2)　IT化社会と会社の関係性　111
(3)　働き方の変化と会社の関係性　115

　引用・参考文献一覧　119
　索　　　引　123
　執筆者紹介　125

1　経営学の成り立ち

　私たちは、会社が提供する商品やサービスを購入しながら日々の生活を営んでいる。こうした人間社会全般におなじみの構図は、人間と会社との密接な関係性により成り立つものであり、その様相はこれからも続いてゆくことだろう。その場合に、双方の結節点に位置する知としての学問分野が経営学であり、この知識を通じて、私たちは会社の活動やその社会的役割について理解することができ、一方で、会社は私たちの生活に有益な活動を構想し、実現することができるのである。本章では、学習上の端緒として、経営学という学問分野の意味をまずは押さえたうえで、研究史の整理を踏まえながら、知的役割についての把握を行い、それに基づき、いかに学ぶべきなのか、その活用上の効果とは何なのかといった動機づけを行うこととする。

(1)　経営学とは何か

　経営学とは、**経済学**、**商学**、あるいは歴史学や哲学に比すれば、若い専門領域であり、日本において、その知的啓蒙が大学教育機関の中に確立されたのは戦後のことである。それは、神戸大学への経営学部の設置（1949年）を最初とするものであるが、その一方で既存の経済学部、あるいは商学部に含まれる学科としての経営学科が各大学において編成されるなど、この専門領域は戦後復興、あるいはその後の経済成長に即しながら、時代的要請を受けた重要性をもち、さらには、日本の将来への寄与を大きく求められ続けているといった特色がある。こうした理解は、会社や官公庁などの組織に所属する可能性を秘めた大学生にとって、経営学の知識が社会人としての基礎に位置していることを意味し、それに基づきながらの諸活動の実践が、現在の日本社会を成り立たせているといえる。

　このように、経営学という専門領域は、現代の私たちにとって大切な知的関心となっているが、この分野についての一定の定義を示すならば、それは、日本学術会議における大学教育の分野別質保証推進委員会経営学分野の参照基準検討分科会から発せられた審議結果に集約されており、「営利・非営利のあらゆる『継続的事業体』の組織活動の企画・運営に関する科学的知識の体系である。営利・非営利のあらゆる継続的事業体の中には、私企業のみならず国・地方自治体、学校、病院、**NPO**・**NGO**、家庭などが含まれる。また、企画・運営に関する組織活動とは、新しい事業の企画、

●**経済学**：　学問体系における社会科学の一分野であり、経済活動あるいは経済現象についての分析を主眼とする専門領域である。その場合に、個人や企業、あるいは諸産業についての考察に基礎に置いたミクロ経済学、国民総生産などの経済指標を活用しながら、世界経済や国民経済を構成するメカニズムの把握に努めるマクロ経済学といった領域に大別される。

●**商学**：　社会科学の一分野であり、商業活動についての分析に力点を置く専門領域である。商いの規模が商品やサービスの売買活動のみならず、資本調達に基礎を置く生産からの流通過程全般にまで及んでいる点からすると、金融論なども含まれるなど、分析対象はきわめて多彩であり、経営学との親和性が高い。

●**NPO**：　Non Profit Organizationの略であり、非営利組織、非営利団体としての民間組織をさす。本質的には、営利の獲得を目的とせず、環境保全や国際交流など多様な社会活動に尽力する役割を担っている。なお、NPO法（特定非営利活動促進法）が制定されており、それに基づきながらNPO法人としての認定も行われている。

●**NGO**：　Non Governmental Organizationの略であり、非政府組織をさす。広義の意味としてはNPOに含まれる組織形態である。その主だった活動としては、国連や各国政府などの中央政体との連携下に国際交流や地域貢献を果たす役割を担っている。

事業体の管理、その成果の確認と改善、さらにはすでにある事業の多角化、組織内における各職務の活動などである。これらの諸活動を総体として経営と呼ぶ」とした位置づけが共通認識としての意味合いとして適切であり、この理解に則りながら、大学教育が行われ、それに基づきながらの社会人としての資質が養われているといえる。

この総合的な認識をベースとしながら、私たちは経営学の知識を幅広く吸収することとなるが、その場合に、①経営、②マーケティング、③会計、④情報といった代表的な諸分野を系統立てながらの学習が有効であり、これらのテーマを深く学びながら基礎を養い、さらには図1として整理されるように、それらを相互に関連させ合いながら、経営学に対する大局的な理解を深め、ゆくゆくは社会人としての活動への活用を通じた人間社会への還元が期待されるのである。

① 経営系　私たちはさまざまな会社組織のありかたや、その目的、さらにはその管理手法について、すなわち"経営"そのものについて学ぶ必要があり、会社設立時の手続きや、利益を獲得するための方法、組織管理のアイデア、会社と社会全般の関係性、会社の将来的な成長を見越した計画のつくり方などを知るべきである。これらの会社経営の全体像に関わる知識を基礎的な素養としながら、以下、②～④をさらに深く学ぶことが適切である。

② マーケティング系　会社経営の目的の一つは利益を追求することであるが、そのためには商品・サービスを消費者へと売らなければならない。ただし、そのためには売るためのシステムを構築する必要がある。会社の利益を決定づけるのは、あくまでも消費者のニーズや市場の反応であることを考慮すれば、売れるための仕組みづくり、すなわちマーケティングについての知識を深化させる必要がある。

③ 会計系　会社にとっての利益とは、直接的には金銭的な価値の獲得に主眼が置かれているが、それに関する一連の流れを数値的に明確なものとして把握するために、会計に関する知識を吸収する必要がある。その場合に、会社の活動における日々の支出や収入、あるいは資金繰りや予算の編成、さらには税金などについて学ばなければならない。

④ 情報系　情報社会のまっただ中での活動が自明とされる会社にとって、情報とは利益獲得への道標であるのと同時に、その管理が強く求められるテーマである。したがって、情報をどのように収集し、あるいは活用し、さら

●経営：　何かしらの事業目的に向かいながら、企業組織を運営してゆくことをさす。その場合に、経営陣による戦略的な意思決定に則りながら、計画性、効率性を意識した組織管理が要求されることとなる。

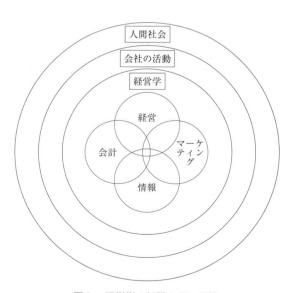

図1　経営学の知識とその周縁
出典）齋藤雅子『ビジネスを学ぶ基礎ゼミナール』同文舘、2015年、18-24頁より作成

には管理してゆくべきなのかといった観点を踏まえながら、会社の活動を把握する必要がある。

(2) 学問としての経営学

経営学についての全般的な学習を進めるに際して、ある程度、学問としての史的意義についても理解を寄せておく必要があるだろう。その場合に、経営学の先進国ともいうべきドイツとアメリカ両国の経営学の展開、さらには私たちの住む日本におけるそれについて若干の理解を寄せておくべきである。

1）ドイツ経営学の諸相

ドイツ経営学の源流は17世紀以降に進展した官房学と商業学の展開に求められる。前者は産業の育成と租税徴収のために領主サイドに求められた支配領域の経営統治や、人々の組織的な管理に関する学問的追求であり、後者は商業取引や商業経営に必要な知識を基礎としながら発展したものである。とくに、後者は科学的な分析に基づいた展開をみせ、人間の経済活動における会社の重要性を強調しながら、**経営経済学**の確立へとつながってゆく。その場合に、事実としての会社の経営活動やその影響に対する分析に重点を置いた視角（経験学派）や、会社経営における理想的な指針の指摘に着目した視角（規範学派）など、多様な視点からの分析が試みられ、具体的な会社経営の手法の提起へとつながってゆく。こうした特色をもつドイツ経営学は、あくまでも価値の生産・分配・消費などに着目した経済学的な分析に基礎を置いた理論的なものであるといえる。

2）アメリカ経営学の諸相

理論の追求に重点を置いていたドイツ経営学とは異なり、アメリカ経営学は実際的・実践的側面を重要視した研究領域である。そもそも自由主義に基づく自由経済の展開と会社の大規模経営、あるいは大量生産方式への展開を特色としていたアメリカ社会においては、合理的な判断能力による経営が求められることとなり、そのために必要な専門的知識を有する、いわゆる専門経営者の養成のための学問が要望されたのである。その場合、**テイラー・システム**に代表される、労働者の怠業の解決を目指しながら生産性の向上をうながしたもの（科学的管理法）や、経営組織と管理組織を弁別しながらの会社の運営こそが効率的であり、両者を構成する管理者やスタッフの関係性やそれぞれ個別の責任について規定を試みたもの（経営組織論）、企画・原料調達・生産・販売・労務・財務といった一連の経営活動全般を統一的な流れの中で把握し、それぞれにおける有効な管理方法を模索したもの（経営過程論）、さらには、経営上のさまざまな判断へとつながる管理者の意思決定の過程やそのタイミングに着目したもの（意思決定

●**経営経済学**：Betriebswirtschaftslehreの訳であり、一般的にドイツ経営学そのものをさす呼称である。アメリカ経営学との比較において経済学的分析に力点が置かれており、分析対象としては企業活動において発生するさまざまな価値についての考察を主眼としたもの。

●**テイラー・システム**：アメリカのフレデリック・テイラー（1856-1915）を中心として提唱された従業員管理についての方法論であり、科学的管理法に代表される。技能的な勘や経験則に基づくことなく、労務時間の測定などを通じた作業量の決定や計画的な生産活動システムの確立を目指したものである。

論）などが提起されることとなった。こうしたアメリカ経営学の展開は、いかにして組織そのものや組織の役割を管理するかといった課題について実効的な側面から育まれたものであるといえる。

3）日本経営学の諸相

　先にみたように、日本の経営学が学問として確立されたのは戦後であるが、それ以前においては、経営経済学に基づいたドイツ経営学の受容を主としながら経営学の理論的理解についての探求が試みられ、財務に関する分析に多くの成果が残されることとなった。また、労務に関する問題関心により科学的管理法への着目がなされ、アメリカ経営学が広く普及することとなり、戦後、GHQ（連合国総司令部）の指導下に経済の民主化がはかられると、自由な経済活動の象徴として諸産業や会社の育成がうながされることとなり、高度経済成長期の躍進に寄与することとなる。

　ここで注目すべきは、1968年に日本のGNP（国民総生産）が西ドイツを抜いて、資本主義陣営の中で世界第2位を記録したことである。この実績を支えたものは、自動車に代表される製造業や重化学工業の躍進に求められるが、これらの会社が採用した経営手法はアメリカ経営学の影響を応用したものであったと指摘されている。この驚異的ともいえる、日本の戦後復興期、そして高度経済成長期を経た経済大国化の過程は、日本的経営を特徴づけるものとして諸外国から注目されることとなり、朝鮮戦争（1950年〜）を契機として台頭したトヨタ自動車の生産方式（トヨタ生産方式）への関心や、エズラ・ヴォーゲル著『ジャパン・アズ・ナンバーワン』（1979年）の刊行などに象徴的である。

　こうした展開を経ながらも、現在の日本経営学は情報社会の進展やグローバル化の傾向、そして少子高齢化といった時代環境の変化への対応をはかるべく、アメリカ経営学の受容をメインストリームとしながらわが国の特性に応じた経営学を追求しているといえる。

（3）経営学の活用

　経営学を学ぶ重要性についての理解を大前提としながらも、私たちはそれを学ぶ過程において、あるいは学び終えたのちにどのように活用してゆくべきであろうか。その場合に、修学時における具体的なカリキュラムや、就職活動への活用、さらには、生涯を通じた関わりともなる諸資格の取得との関係についても把握しておくべきである。

1）大学で経営学をいかに学ぶか

　現在、大学教育においては、経営学部、あるいは経営学科などが設置されているが、その目的は、多彩なビジネス環境や、グローバル化の時代への対応力を有する人材の育成、経営分析や財務分析、あるいは情報処理な

●トヨタ生産方式： トヨタ自動車の発案による生産活動様式であり、Toyota Production System とも訳される。「異常が発生したら機械がただちに停止して、不良品を造らない」（自働化）と、「各工程が必要なものだけを、流れるように停滞なく生産する」（ジャスト・イン・タイム）といった2つの考え方を柱としながら、短期間で効率的な生産工程を稼働させる方針として知られる。

●『ジャパン・アズ・ナンバーワン』： 社会学者エズラ・ヴォーゲル（1930–）により1979年に刊行された日本研究書であり、原題を *Japan as Number One: Lessons for America* という。日本の高度経済成長についての分析を進めながら、その要因として、終身雇用や年功序列を採用する日本企業の経営方針を好意的に評価したもの。

どの各種分析・処理能力の向上、さらには公認会計士などの資格取得に置かれている。その場合に、具体的な修学カリキュラムはおおむね、先に述べた経営・マーケティング・会計・情報といった分野を骨子としながら編成されており、たとえば、経営系であれば経営学概論、経営史など、マーケティング系であればマーケティング論やグローバル・マーケティング論、流通論など、会計系であれば財務会計論や税務会計論、簿記論など、情報系であれば情報ネットワーク論や情報セキュリティ技術論など、といった科目名を例示することができる。

ただし、図1にみられるように、諸系統は必ずしも独立しているわけでなく、クロス・オーバーにより融合しているケース、あるいは既存の経営手法とは違ったアイデアの浸透により、新たな専門分野が確立されたケースなどが見受けられ、その場合に、前者であれば会計情報システム論などを、後者であればeコマース論などを代表例として挙げることができる。ここで列挙した諸科目は、あくまでも氷山の一角にすぎないが、少なくとも、大学の教育方針に基づきながら体系化されたプログラムの中に多彩な学習対象が含まれており、それらを一つひとつ丁寧に学習してゆくことが求められるのである。

2) 経営学をいかに活用するか

大学教育機関における経営学の学習が、目標とする一定の到達点を示すとするならば、それは社会人への道標ともいえる就職活動への活用であろう。主に大学3・4年時の期間を通じて、就職希望者は会社についてのさまざまな情報の獲得に奔走することになり、どのような会社なのか、どのような業界において活動している会社なのか、財務状況はどうなっているのか、組織としての特徴はどのようなものか、将来的に成長が期待できる事業を行っているのか、従業員への福利厚生はどのようになっているのか、といった問いへの解答を求めながらの長時間に及ぶ将来への模索を行うこととなる。その場合に、就活生は①『就職四季報』・②『業界地図』といった必須アイテムに誘導されながら、有効な活動を行うことができる。

① 『就職四季報』　上場企業や将来性のある未上場企業を中心に約5000社の情報を整理したデータ集であり、資本金・業績・上場市場・将来的な事業展開など経営学の知識と直結する項目のほかに、従業員数・平均勤続年数などが掲載されている。また、就職活動時の選考プロセスや試験内容をはじめとして採用人数・給与体系・福利厚生・離職率・有休取得状況といった、就活生に関心度が高い情報が提供されている。こうしたデータや事実に基づいたコンパクトな会社情報は会社の全体像を把握するのに有益であり、東洋経済新報社から刊行される『就職四季報　総合版』が代表的である。なお、同社からは中小企業の情報提供を意図した『就職

●上場企業：　証券取引所において、株式売買の対象となる会社を上場企業と呼ぶ。その場合に、証券取引所に株式を公開することにより、広く一般からの資金調達が可能となる。こうした上場企業のほかに非上場企業、あるいは個人経営の店などがあり、これらにより日本の企業活動は構成されている。

四季報　優良・中堅企業版』、または、女性の就職活動への活用を意図した『就職四季報　女子版』も刊行されている。補足すれば、株式市場における投資への参考を主眼とした『会社四季報』も年に４回刊行されている。

　②　『業界地図』　日本には数多くの会社が存在し、同業種により200近くの業界が形成されており、それは、Ａ銀行・Ｂ銀行・Ｃ銀行により形成された業界＝金融業界、などと理解される。このことは、よほどの独自性をもつ会社でなければ、何らかの業界の中において複数間競争の世界に会社が置かれていることを意味する。したがって、会社の本当の姿を知るには、業界そのものを知る必要があり、それを目的として作成されたデータ集が『業界地図』と呼ばれるものである。基本的には業界の規模などの基礎知識、売上などに注目した主要な会社の情報、系列や提携などを整理した会社同士の関係性、業界の動向や将来性などを整理したものであり、作図的に描写された構成内容は視覚的に概括的な理解を寄せるうえで有効である。このような内容をもつ『業界地図』は先述の東洋経済新報社のほかに、日本経済新聞社や成美堂出版などいくつかの出版社より刊行されている。

３）経営学の学習と各種資格の取得

　経営学部・経営学科などにおいては、公認会計士の資格取得などの目標が設定されている例にみられるように、私たちは経営学を学びながらさまざまな資格を取得することができる。以下、①経営・②マーケティング・③会計・④情報といった分野別に代表的な資格を例示しておきたい。

　①　経営学検定（経営系）　一般社団法人日本経営協会の実施・運営による全国的検定試験であり、上級・中級・初級の３級に及ぶ。経営に関する基礎学力や専門知識の確認に基づきながら、経営管理あるいは問題解決の能力の水準を認定するものである。その効果としては、社会人のキャリアアップや大学生の就職活動、あるいは自己アピールといった目的への学習意欲の提供や、それに付随する獲得知のその後の活用をうながすところにある。なお、会社においては社内昇格に関する評価対象とするところや、大学においては大学院進級に際しての試験の要件に活用するところもある（経営学検定ホームページ参照　http://www.mqt.jp/）。

　②　マーケティング・ビジネス実務検定（マーケティング系）　国際実務マーケティング協会主催のもとに、Ａ級・Ｂ級・Ｃ級の３つのレベルに体系化された検定試験であり、幅広いマーケティングに関する基礎や応用知識の確認や、実務への活用に関する能力を証明する資格である。その効果としては、業務において活用しうる実務知識の習得がうながされるのみならず、営業職や販売職などを中心とした就職・転職対策にもつながる（マーケティング・ビジネス実務検定ホームページ参照　http://www.marke.jp/）。

③　**日商簿記検定**（会計系）　日本商工会議所主催のもとに1級・2級・3級・初級に体系化された簿記の検定資格である。経営成績や財務状況の把握技能である**簿記**の能力的水準を確認するためのものであり、主に経理担当者や会計事務担当者、あるいは営業職にとって必須の資格となっている。その効果としては、会計上の知識の習得のみならず、共通認識としての財務諸表の読解力の養成、あるいは会社経営における分析能力の向上、さらには投資的感覚を養うことへもつながってゆく。なお、この資格は社会人としての基礎的素養に位置するだけでなく、**税理士**などの国家資格との関連下にキャリアアップへ大きく寄与する有益性をもっている（日本商工会議所簿記検定ホームページ参照　https://www.kentei.ne.jp/bookkeeping/）。

④　**情報処理技術者試験**（情報系）　経済産業省が、情報処理技術者としての「知識・技能」が一定以上の水準であることを認定している国家試験であり、独立行政法人情報処理推進機構主催のもとに行われている。情報システムを構築・運用する「技術者」から情報システムを利用する「エンドユーザー」（利用者）まで、ITに関係するすべての人々を対象としており、情報社会での主体的な活動意欲の促進への寄与が求められている。なお、ITを利用する者を対象とした「情報セキュリティマネジメント試験」、すべての社会人を対象とした「ITパスポート試験」、情報処理技術者を対象とした「データベーススペシャリスト試験」など、多彩な試験が細分化されながら設定されているところに特徴がある（独立行政法人情報処理推進機構ホームページ「情報処理技術者試験」参照　https://www.jitec.ipa.go.jp/1_08gaiyou/_index_gaiyou.html）。

●**簿記**：　会社の経理や財務管理における、金銭などを中心とした財産管理の記録法をさす。具体的には、会社の活動との関連下に増減する財産の経緯を記録・計算し、数値として明確化された結果の永続的な管理を目的とする。

●**税理士**：　税務に関する専門家としての国家資格をさし、税務書類の作成や税務上の指導が主だった業務となる。会社においては、会計や経理、あるいは財務といった業務への直接的関与やオブザーバーとして助言を行うなど、欠かせない人材となっている。

☐　経営学とはどのような学問分野でしょうか。
☐　経営学を構成する4つの要素の特徴とはそれぞれどういうものでしょうか。
☐　ドイツ経営学の特徴とはどういうものでしょうか。
☐　アメリカ経営学の特徴とはどういうものでしょうか。
☐　日本的経営の特徴を述べましょう。
☐　終身雇用制度とはどのような制度でしょうか。また、その功罪をそれぞれ述べましょう。
☐　年功序列制度の功罪を述べましょう。
☐　大学における経営学の有意義な学び方をプランニングしてみましょう。
☐　就職活動を快活に進めるために必要なアイテムを調べてみましょう。
☐　自分にとって関心のある業界において必要とされている各種資格を調べてみましょう。

Check

コラム1：　　　　　会社四季報から読み取る成長企業―ニトリの場合―

　会社を判断する指標や視点は多数存在する。ここでは、「お、ねだん以上。」で有名なニトリの詳細を東洋経済新報社『季刊　会社四季報（4集）』（2018年）でみていこう。同書は以下の項目が記載されている。つまり、①証券コード・社名、②業績予想記事・材料記事、③本社～販売先、④株主・役員・連結子会社、⑤株式・財務・キャッシュフロー（CF）、⑥資本移動、⑦株価、⑧特集企画、⑨業種・比較会社、⑩業績、⑪配当、⑫業績予想の修正記号、⑬独自予想マーク、⑭株価チャート・株価指標、⑮不動産投資信託（REIT）・外国企業等および⑯株主優待である。

　その主なものをみると、①の「特色」では全国トップの家具・インテリア製造小売チェーンで、開発輸入品が8割で、海外に自社工場がある。「連結事業」として、家具・インテリア用品の販売が98であり、ほかが2である。②の「連続最高益」は店舗純増が69（前期52）で、中国では積極出店が続き、国内は機能性寝具やマットレスが好調である。既存店の客数・客単価とも増勢しており、改装費用が一段落し、物流効率化も進展している。円安想定で原価高だが連続最高益を達成し増配とされている。③の「販売先」は一般消費者で、④の「株主」は1万5012名、「連結子会社」はニトリパブリックなどである。⑤の「株式」は114億4443万株、「財務」の総資産が5681億3800万円、「CF」の営業CFが768億円などである。⑥は2004年2月の発行で、1株7020円の払込価格で80万株の公募増資を実施している。⑦の東京証券取引所の2018年1月～8月期の「株価」は高値が1万9850円、安値が1万5445円。⑧の「成長力」の利益率は16.3％で、⑨の「業種」は他消費財小売りで、時価総額順位では120社中1位、比較会社は良品計画などで、⑩の2019年2月期の予想は売上高が6140億円、経常利益1010億円。⑪の2019年2月期の「配当予想」は1株あたり50円、⑫の前号からの「営業利益率」は「前号並み」、つまり5％未満の増額・減額である。⑭の「株価指標」は、予想と実績のPER（Price Earnings Ratio）で、「株価÷1株あたり利益」で計算される。単位は「倍」で、株価の割安度、割高度を判断する投資尺度の一つである。予想PERは2019年2月期が27.8倍、実績PERは高値平均が28.6倍、安値平均が18.1倍、⑯は株数100以上で、優待券（10％割引）5枚となっている。

　以上から何を読み取るかだが、一つの見方として、「売上高」、「営業利益」、「経営利益」、「純利益」を確認し、「1株益『円』」も合わせて確認する。また、「連結事業（主力事業）」、「特色（事業内容）」も精査したうえで、主力事業で利益を挙げている「仕組み」や今後の成長性を考察してみることも重要な視点と考えられる。

（参考資料：やさしい株のはじめ方「会社四季報の読み方～5つのポイント～」www.kabukiso.com/column/shikihou.html 参照。ホームページは2019年1月7日現在、東洋経済新報社『季刊　会社四季報（4集）』東洋経済新報社、2018年、1880、1990頁）

2　会社とは何か

　経営学という学問分野の根本に位置しているのは、会社という存在であり、私たちは、この組織の成り立ちについて理解を深めてゆかなければならない。その場合に、会社は会社法といった法規に基づきながらの設立や維持が認められ、さらには多様に類別化されていることを知る必要がある。また、それとの関連として、法規外なものとしての一般的なとらえられ方についても理解を寄せなければならない。こうした会社のありかたについての知識を深めながら、さらに、その位置づけに大きく影響を与える外部環境、すなわち官公庁や、会社により組織される経済団体、あるいは各種業界団体の役割についても知見を深める必要もあるだろう。

(1)　会社の種類

1）会社法について

　会社は基本的に会社法において位置づけられる区分であり、図1の通り、企業群→私企業群→共同企業群→会社群（株式会社・合名会社・合資会社・合同会社）として、企業形態別に細分化されている。ここでいう企業群とは、公企業・公私合同企業・私企業に大別されるが、公企業とは、紙幣や切手の印刷を行う独立行政法人国立印刷局などのように国、あるいは地方公共団体の出資により設立・運営を行う企業をさし、公私合同企業とは、**日本銀行**のように国・地方公共団体、ならびに民間からの出資により設立・運営を行う企業をさす。そして、単独個人による個人企業と、会社群を含む共同企業へと大別されるのが私企業ということとなる。私たちの日常では、会社＝企業とした理解が一般的であるが、このように分類されたイメージの中で会社をとらえてゆく必要があるし、何よりも、会社という呼称が少なくとも法規に基づいた存在である点を忘れてはならない。したがって、私たちは法的根拠との関わりの中においてさまざまな種類の会社に対する知識を深める必要がある。

　会社を含む企業群の中身は、法律形態により定められているが、その法的根拠としての基礎に相当するものは、2005年6月29日に成立し、翌2006年5月1日より施行された「会社法」（「新・会社法」とも呼称する）である。この法律は、従来、「有限会社法」、「商法特例法」などのように、多岐にわたる法律により分散していた会社についての規定を統合的に再編成したところに特徴があり、古来よりおなじみであった**有限会社制度**の廃

●**日本銀行**：　1882年に設立された日本の中央銀行であり、物価の安定ならびに金融システムの安定化を目的とする。主な業務としては、紙幣である日銀券の供給と回収、金融機関のための銀行としての役割、国債の発行があり、政府の金融政策における最重要機関に位置している。

●**有限会社制度**：　1938年の有限会社法を根拠とする制度であり、これに基づいた社員50名以内、資本金300万円以上の会社を有限会社という。株式会社に比すれば設立の手続きが簡易であったが、2006年施行の新・会社法により、この制度そのものが廃止された。

止や、次代への発展的な会社育成を含意した合同会社制度の創設などが着目される。なお、2015年5月1日に施行された「改正会社法」へと発展的に継承されている。

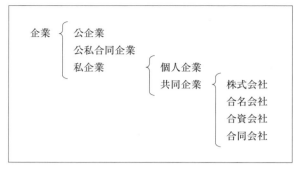

図1　企業形態の類別

　ここで、会社についての法的位置づけを法規の条文を紹介しながらみてゆきたい。「平成17年法律第86号　会社法　第1編　総則　第1章　通則」には、第1条として「会社の設立、組織、運営及び管理については、他の法律に特別の定めがある場合を除くほか、この法律の定めるところによる」とあり、会社法を第一義の根拠として、会社の存在やその活動全般が規定されている。このことは、同法を厳守することが会社経営にとって不可欠であることを意味している。続く第2条には「この法律において、次の各号に掲げる用語の意義は、当該各号に定めるところによる。一　会社　株式会社、合名会社、合資会社又は合同会社をいう」とした定義があり、会社とは株式会社・合名会社・合資会社・合同会社の4種類により構成されるものであることが明示されている。この区分に基づきながら、会社の設立やその後の具体的な活動が方向づけられていることはいうまでもない。また、第5条には「会社（外国会社を含む。次条第1項、第8条及び第9条において同じ。）がその事業としてする行為及びその事業のためにする行為は、商行為とする」という規定もあり、会社の活動はさまざまな取引を通じた商行為であるという位置づけに加えて、実質的には営利性のある行為といったニュアンスを含意しているといえる。

　以上の、会社の本質的な意味に関わる定義は、会社とは何かという問いに対する法規的な解答を意味しており、その理解に基づきながら、会社と経営との関係性についての知識を深めてゆく必要があるだろう。

2）会社の類別化

　会社法において、会社とは①株式会社・②合名会社・③合資会社・④合同会社の4種類をさすことを明記したが、それぞれの違いに着目しながら各会社の特徴を整理してゆく必要がある。その前提として、区分に関わる重要事項をまずは押さえておきたい。それは、出資における「無限責任」・「有限責任」といった、責任の範囲を示唆する考え方である。前者は、会社が倒産した場合に、**出資者**は全財産をなげうって債務の履行に努めなければならず、さらに債務の消滅までの返済義務も負う責任を意味し、一方、後者は、個人の全財産を債務にあてる必要はなく、返済の限度額を出資の範囲内とした規定である。この理解に基づきながら、表1の整理をみると、出資者の責任の範囲を基準の一つとしながらの類別化がなされてい

●**出資者：**　財産の提供により、株式などを取得した個人や団体をさし、「出資の受入れ、預り金及び金利等の取締りに関する法律」（出資法）により根拠づけられる。なお、出資された資金のことを出資金と呼ぶ。

表1　会社形態の類別化

種類	債務上の出資者の責任範囲	特徴	決算公告
①株式会社	有限責任	一般的に代表的な会社として認知されている。	必要
②合名会社	無限責任	小規模の家族経営の会社にみられる形態。	不要
③合資会社	無限責任／有限責任	小規模の家族経営の会社にみられる形態であるが有限責任社員がいることが②合名会社とは異なる。	不要
④合同会社	有限責任	会社法により新たに設定された形態であり、①株式会社に比べて設立手続きが簡素化されている。	不要

ることがわかる。この点も含めながら、以下、4種類の会社（①～④）についての概要を示すこととする。

　①　**株式会社**　最も代表的な会社の形態であり、大小さまざまな規模の会社が現在のところ存在している。会社法では、株主に代表される多数の出資者により設立することができ、会社の債務に対しては出資者の社員が有限責任を負う、と規定されている。こうした法的根拠とは別に、株式会社を特徴づけるのは、数多くの出資者からの資金調達を可能としている点にある。その出資者のことを株主といい、そのポジションは株式の取得により成立する。それにより、株主は**配当金**の要求や株主総会における議決権などを権利として獲得することとなるのである。なお、この株式を株式市場において譲渡することにより、株主、すなわち出資者としてのポジションが失われることとなる。

　また、株式会社は株主総会・取締役会・監査役といった機関の設置により運営がなされており、とくに、株主により構成される株主総会は会社の意思の最高決定機関であり、これを通じて経営方針が決定づけられ、また、取締役や監査役が選出されることとなり、さらには決算書の承認手続きも行われる。取締役会は取締役により構成され、業務の実際的な執行方針を決定するほか、代表取締役の選任や監督を行う機関である。監査役は取締役会の執行内容に違法性がないかをチェックする役割をもつのと同時に、会計処理上の監査も行う機関である。株式会社にはこれらの諸機関の相関関係による健全な運営が求められているのであり、その評価の一つは、上場している会社であれば株価といった指標でもって私たちに伝えられることとなる。

　②　**合名会社**　会社法の規定では、以下③合資会社・④合同会社とともに**持分会社**と総称される。1名以上の社員を出資者とし、会社の債務に対しては出資者である社員全員が無限責任を負い、出資者と経営者が同一である。小規模な家族経営の会社によくみられる形態であることから、後述の③合資会社と類似した点があるが、有限責任という考えが全く存在し

●配当金：　株式発行を行った会社は、利益配当請求権を有する株主に還元することがあり、利益の中の一部分を分配したものを配当金と呼ぶ。なお、期末配当、中間配当、特別配当、記念配当と、分配の時期は多岐に及ぶ。

●持分会社：　2006年の会社法において、会社の形態は株式会社・持分会社に分類されながら体系化されているが、後者は合名会社、合資会社、合同会社の総称としての包括的理解であり、株式会社に比すれば定款の自治が是認されているところに特色がある。

ないのが特徴的であり、出資者は債務の履行について全財産を投じてでも、なおかつ完済までに永続的な返済義務を負わなければならないところに特徴がある。この形態は酒造業などに代表される江戸時代から継承されてきた形態をモデルとしており、会社法における位置づけはあるものの、今現在はごく少数となっている。

③　**合資会社**　会社法の規定では②合名会社・④合同会社とともに持分会社と総称される。2名以上の社員を出資者とし、会社の債務に対して無限責任を負う出資者の社員と有限責任を負う出資者の社員により構成され、出資者と経営者が同一である。基本的には②合名会社と類似した点があるが、有限責任社員の参加により出資の幅を広げた点が大きな違いである。主に家族経営の会社にみられる形態であるが、外部からの出資による規模拡大が想定されているところから、②合名会社を発展させたものであるといえる。現在としては①株式会社、そして④合同会社が会社の形態としては代表的なものとなってきているため、それらに組織変更を行う③合資会社も現れており、その数は少なくなりつつある。

④　**合同会社**　会社法により新たに設定された会社の形態であり、②合名会社・③合資会社とともに持分会社と総称される。少数の社員を出資者とし、会社の債務に対しては出資者の社員全員が有限責任を負い、出資者と経営者が同一である。類似の形態をもつ①株式会社と比べると、設立時の**登記**費用が格段に少額であり、少量の提出書類により登記が可能である。また、**決算公告**の義務や、社員総会や取締役会の開催が義務づけられていないところも大きな違いである。この種の会社の設立が認められたのは2006年とごく最近のことであり、その内容から、意欲的に起業を志す個人や小規模経営からのスタートを意図する少人数の起業家が会社を興しやすいように考慮されたものであり、簡易な手続きや運営内容の簡素化に基礎を置きながら、新たな会社の設立の促進が期待された形態である。

＊　**現在形としての①〜④の数的理解**　法的な根拠とは別に、4種類の会社（①〜④）についての現在のトレンドを紹介しておきたい。表2は組織区分を①〜④（プラスその他）とした会社数とその構成比を数値化した統計データ（2012年度〜2016年度）である。明白なこととして、古くから存続し、あるいは小規模な家族経営を特徴とする②合名会社・③合資会社は右肩下がりの減少傾向にあり、圧倒的な数を誇る①株式会社が安定した増加傾向でありながらも、構成比においては停滞化の状況が観察されることである。

そうした状況下において、注目すべきは④合同会社の数についてのデータである。2012年度から右肩上がりの上昇傾向であるのとともに、かなりの伸び率を示している。こうしたトレンドとあいまって、たとえば、

●**登記**：　第三者へ公示を目的として、一定の事項を登記官の手続きを経て登記簿に公のものとして記載することをさす。公示の対象としては、不動産登記、法人登記、商業登記などがあり、これらを公にすることにより社会的認知に基づく権利の保護がはかられることとなる。

●**決算公告**：　財務関連の情報を決算として公告すること、あるいは公告された情報そのものを決算公告と呼ぶ。なお、株式会社は会社法により、事業年度ごとの決算についての公告を実施することが義務づけられている。

表2 組織区分の分類に基づく法人数の内訳

年度	数（上段） 構成比（下段）	①株式会社	②合名会社	③合資会社	④合同会社	その他	計
2012年度	数	2,412,025	4,218	21,462	20,728	66,308	2,524,741
	構成比	95.5	0.2	0.9	0.8	2.6	100.0
2013年度	数	2,457,919	4,088	20,549	28,282	73,502	2,584,340
	構成比	95.1	0.2	0.8	1.1	2.8	100.0
2014年度	数	2,465,702	3,990	18,985	39,277	76,327	2,604,281
	構成比	94.7	0.2	0.7	1.5	2.9	100.0
2015年度	数	2,477,638	3,875	18,346	49,661	79,332	2,628,852
	構成比	94.2	0.2	0.7	1.9	3.0	100.0
2016年度	数	2,507,395	3,790	17,040	65,937	64,318	2,658,480
	構成比	94.3	0.1	0.6	2.5	2.4	100.0

出典）国税庁『統計情報　会社標本調査結果』（税務統計から見た法人企業の実態）（平成24年度分～平成28年度分）より作成

　アップルジャパン株式会社が、手続きを経たうえで、新規にアップルジャパン合同会社として始動するなど、大企業においてもこうした**経営判断**を行うところが出てきていることは、決算公告の義務が求められず、意思決定機関をきわめて簡略化したところに特徴をもつ④合同会社のメリットを重要視する考えが会社の運営において浸透してきたことを物語っているといえる。

　今後、表2のデータが経年によりどのようなトレンドを示唆するかについては、社会情勢や法的整備の状況の影響下にあることから断定はできないが、一つのヒントとして、この④合同会社の社会的な役割や利便性が飛躍的に支持されるようであれば、会社＝①株式会社とした一般的な認知は、会社＝④合同会社といった常識へと変化する可能性もある。そうした着目点が用意されている現在であるからこそ、④合同会社の今後、といったテーマは注目に値する。

3）会社の経営展開とその諸形態

　法制下における形態としての会社についての理解とは別に、会社の経営に着目した特徴的な形態もいくつかある。それは、会社の経営方針や実際の経営活動、あるいは商売の仕方に特徴づけられるものである。以下、一般的によく知られるところの代表的な諸形態（①～③）をいくつか紹介しておきたい。

　①　**多角化企業**　複数の種類に及ぶ事業を幅広く展開する企業をさす。その中身は、たとえば、自動車のエンジン製造会社が航空機製造事業へ参入するといった、本業とそれとの関連性の強い業種により構成されるタイプ、通信販売やインターネット取引といった事業を一つの仮想空間の中で集約化させた事業を展開するインターネット関連企業など、製造に関わる

●**経営判断**：　会社の経営において、経営者側がある意思決定のもとで行う判断をさす。経営理念や経営計画などを基準としながらの、開発、生産、財務や投資など各種対象についての各種判断は、会社の社会的な価値や将来的な継続性を大きく左右することとなる。

本業はないものの、さまざまな事業を関連させ合うタイプなどがある。こうした会社のメリットは、複数の事業を有しているところから、事業不振によるリスクの分散化をはかることができる点、所有する事業同士の**相乗効果**により新たな事業の創出を期待することができる点、既存の事業を超えた新たな市場の開拓を準備することができる点などにある。また、異業種間の人材移動が容易であることから、専門性やアイデアの交差が期待されることも特徴的である。

② **コングロマリット**　多種多様な事業の統合を進めた結果、形成された巨大企業集団をさし、複合企業ともいう。形態としては、複数の事業を抱えることから①に含まれるといった理解も可能であるが、本業とは関連性の弱い異業種の会社をM＆A（第10章第2節参照）などを通じて統合化してゆくところに特徴があり、主に巨大企業の次代の成長分野を見越しながらの展開にみることができる。その傾向は、たとえば、発明王**トーマス・エジソン**の電気照明会社を前身とするアメリカの製造メーカー、ゼネラル・エレクトリック社が白熱電球の製造販売からスタートしたのちに、異業種の買収を重ね続け、医療機器、金融サービス、放送、電力、航空機エンジンなどの事業展開を行ったことなどが代表例である。こうした形態のメリットとしては、さまざまな事業やその技術を獲得することができる点、それらの事業がすでに獲得していた市場を獲得できる点、異業種間の相乗効果により新たな事業展開を期待することができる点が挙げられる。

③ **フランチャイズ**　事業を運営するノウハウを有する会社（本部：フランチャイザー）と、その事業の開業を希望する個人・法人（加盟店：フランチャイジー）の間で結ばれる契約形態のことをフランチャイズといい、前者は後者に対して商号や商標といったブランドや経営ノウハウを営業権として提供する代わりに、後者から売上の一部を**ロイヤリティ**として徴収するシステムがとられる。鎖につながれているような双方の関係性からフランチャイズチェーンという呼称が一般的に定着しており、牛丼などの外食チェーンや、コンビニエンスストアなどはその代表例である。そのメリットは、開発、製造など最初からの起業を行うことなく、既存の事業をそのまま展開することができる点、経営に関するさまざまなアドバイスを本部から得られる点、提供する商品・サービスは基本的にはどの店舗でも均一なため、安定収入が見込める点などにある。なお、本部と加盟店の関係だけでなく、直営店という展開もあり、これは、本部の社員による直接的な店舗経営を特徴とする事業形態である。

(2) 会社と社会

　会社は常に自由な活動を認められているわけではなく、何らかの社会的

●**相乗効果**：　2つ以上の要素がそれぞれに効果を及ぼすときに、その効果の総和が個々の効果の総計よりも大きな規模となること。一般的に「シナジー効果」、「シナジー」という呼称が定着している。

●**トーマス・エジソン**（1847-1931）：　アメリカの電気技師であり発明家として著名な人物。その生涯において1000件以上の発明を行い、蓄音機や白熱電球はその代表例である。なお、自身が設立したエジソン電気照明会社はのちに複合企業として著名なゼネラル・エレクトリック社へと成長する。

●**ロイヤリティ**：　特許権など特定の権利を利用する者が、その権利を所有する側へ支払う料金をさし、その対象としては特許権、商標権、著作権、各種ノウハウ、ブランドなどが代表例である。基本的にライセンス契約の条項にロイヤリティについての内容が規定される。

な制約下に置かれている。したがって、会社法だけでなく、企業活動への関わりの深い諸機関、ここでは官公庁、経済団体、各種業界団体の方針や動向などにも視野を広げる必要がある。これら機関の示す方針や構想は、企業活動の促進や規制に大きく関わっていることから、会社の経営における羅針盤としての意味合いがきわめて強いといえよう。

1）官公庁と会社

　官公庁とは国や地方公共団体の役所の総称であるが、わが国においては図2のように、内閣のもとで各省庁が編成されている。先だって、会社法と会社の関係について触れたが、官公庁はそうした法規の制定や改正、あるいは国策方針の策定に大きな関わりをもっている。国民生活を方向づける役割を国政が担っているのは周知のことであるが、それを各々の専門性により構成する役割を官公庁は有している。

　たとえば、オリンピックというイベントが日本で開催されることが決定すれば、それに向けて、新たな競技施設の建設が必要となる。その場合に、新たな法規を制定して円滑な**インフラ整備**を国策として推進しなければならず、それについては開発に関する権限を有する国土交通省や会社の進路を方向づける経済産業省などの関与が多く求められてくる。また、外国人観光客を多く呼び込むため観光立国としての国際的なPRが方針として採択されれば、外務省や観光庁の助力が不可欠である。こうした背景に基づきながら、建設業やそれに資材を提供する製造業、あるいはスポーツ用品の会社、または、旅行会社などがこのイベントを見越しながらの会社経営を行ってゆくこととなる。他方、健全なイメージや健康といった側面から、オリンピック競技開催地における全面的な喫煙が規制されれば、たばこ関連の会社は大打撃を受けることとなる。

　こうした多方向からの影響下に表出する構図は、官公庁の指針が会社のその後の動向を決定づける重要な要因になっていることを意味している。こうした事情からすれば、官公庁の求める将来像や、それを創生するための方針、あるいは促進や規制双方を含意する法規の制定に対する敏感な意識や、対処策を考慮しながらの活動がすべての会社に求められているといえる。

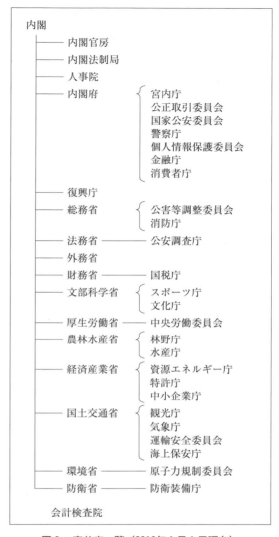

図2　官公庁一覧（2016年1月1日現在）
出典）内閣府『政府広報オンライン　官公庁サイト一覧』

●**インフラ整備：**　一般的に生活基盤のことを、下支えするものとしての意であるインフラストラクチャー（infrastructure）と呼び、それらの整備事業が公共事業として展開されている。具体的には道路整備事業、水利整備事業、さらには公共施設の拡充などをさす。

2）利益団体の役割

　会社の経営活動は、官公庁や政治家側から示される誘導に基づく側面があるが、それは会社側からの要望を含意しながらのものでもある。その場合に、会社側は共通の目的のもとでさまざまな策定基準に影響を与えるべく団体を組織している。こうした団体を利益団体と呼称するが、会社の活動を共通項とした団体としては、経済3団体と総称される、日本経済団体連合会（経団連）、日本商工会議所（日商）、経済同友会といった3組織の影響力が強い。なお、2010年にIT事業の会社を中心とした**新経済連盟**も発足している。

　日本経済団体連合会は、主に大企業を中心に構成される団体であり、政財界や官公庁に対する強い発言力をもっており、全国に組織された商工会議所により構成される団体である日本商工会議所は、主に中小企業側からのアプローチを目的の一つとしている。経済同友会は、経営者が親睦をはかりながら、経営者としての意識啓発を行う目的下に設立された個人参加型の団体であるが、会社のトップが集まることにより、必然的に財界側から自由な形で意見が発信される機会が提供されているといった特徴がある。

　これら経済3団体は政・財・官を結節させる役割をもつと同時に、政策に対するある種の圧力団体としての機能をもちうるものでもあり、たとえば、日本経済団体連合会側から、時間外労働についての提言が発信されれば、それに対する厚生労働省による労働に関する調査、経済産業省による生産性と経済成長に関する見通し、さらには労働問題に詳しい議員などの部会を中心とした法案策定化への始動など、実際的な方向づけが進められることとなる。

　日本社会ではこうしたケースが一般的であることから、ただ単純に官公庁の構想や動向を知るだけでなく、その動きに影響を与えた可能性がきわめて高いだろう利益団体の意向にも注意を払いながら、会社のその後を考えてゆくことが重要である。

3）各種業界団体

　日本においてはさまざまな形態の会社が存在しているが、それらは、独立独歩な存在ではなく、日本標準産業分類（図3）が示唆するように、いくつかに分類された産業の中に位置している。この分類は指標を導き出すことを目的としたものではあるが、少なくとも、現在のところ、これだけ多岐に及ぶ業種が存在し、それらに携わる会社の活動が日本の経済を構成していることは理解しておくべきである。また、たとえば、日本チェーンストア協会、全国出版協会などの例にみられるように、同業種間で集まりながら意見交換や提言の発信を行ういわゆる業界団体が数多く組織されていることも忘れてはならない。日本経済団体連合会などの提言に比すれば、

●**新経済連盟**：　新経連と略称される。イノベーション（創造と革新）・グローバリゼーション（国際的競争力の強化）・アントレプレナーシップ（起業家精神）の促進を主眼としながらの政策提言を目指す新たな経済団体として存在感を増している。

```
A  農業、林業    B  漁業    C  鉱業、採石業、砂利採取業    D  建設業
E  製造業    F  電気・ガス・熱供給・水道業    G  情報通信業
H  運輸業、郵便業    I  卸売業、小売業    J  金融業、保険業
K  不動産業、物品賃貸業    L  学術研究、専門・技術サービス業
M  宿泊業、飲食サービス業    N  生活関連サービス業、娯楽業
O  教育、学習支援業    P  医療、福祉    Q  複合サービス業
R  サービス業（他に分類されないもの）
S  公務（他に分類されるものを除く）    T  分類不能の産業
```

図3　日本標準産業分類における大分類項目

注1）合計A～Tの20の大分類として類別化されている
　2）上記はさらに中分類・小分類・細分類と細分化される
出典）総務省『日本標準産業分類』

専門性に特化した具体的な発言が期待できる点から、こうした業界団体の活動とさまざまな会社の関係に注目すべきである。なお、それに関する理解を深めるために役立つ資料として、第1章で紹介した『業界地図』が有用であることはいうまでもない。

- ☐ 会社法の成り立ちについてその沿革をまとめてみましょう。
- ☐ 株式会社の特徴とはどういうものでしょうか。
- ☐ 合同会社の特徴とはどういうものでしょうか、また、将来的な可能性について述べましょう。
- ☐ 有限責任と無限責任の相違を整理しましょう。
- ☐ 経営の多角化の利点についての見解を述べましょう。
- ☐ コングロマリットの特徴について述べましょう。
- ☐ フランチャイズのメリットとデメリットについて述べましょう。
- ☐ 会社と官公庁の関係について、具体例を挙げながら指摘しましょう。
- ☐ 経済3団体それぞれの社会的役割を整理しましょう。
- ☐ 日本標準産業分類の特徴について述べましょう。

Check

3 会社の活動について

　会社法に基づきながら設立が認められた会社は、さまざまな経営資源を有効活用しながら成果を挙げ、成長をはかってゆくこととなる。その場合に、経営資源とはいったい何なのかという点について理解を深める必要がある。また、それとの関連として、この経営資源の活用についての国策が喚起されている現状に鑑みて、経済産業省による指針についても理解しておくべきだろう。これら会社の活動のいわば基盤に該当する要素の役割を念頭に置くことによって、会社の活動における一連の流れが把握されることとなるのである。

(1) 会社にとって必要なものとは

1) 経営資源とは何か

　会社はその活動を支えるさまざまなタイプの資源を合理的に、なおかつ効率的に活用しながら成長してゆかなければならない。この資源のことを経営資源といい、経済学者エディス・ペンローズの提起により広まりをみせた考え方である。具体的には、①ヒト・②モノ・③カネ・④情報、さらには⑤時間、あるいは企業文化などをさし、とくに、図1として整理される①～④については4大経営資源として一般化している。会社の経営者はこれらの獲得や蓄積に努めながら、全体を把握し、効果的な配分による資源の投入を通じて商品やサービスの開発・生産・販売を行い、さらにはその後の経営計画などを進めてゆかなければならない。つまるところ、会社の経営判断に大きく関わる基礎にこの経営資源が位置しているのである。

　① ヒト　人材に該当する人的資源をさし、会社の経営者や管理者をはじめとして、研究・開発・生産・加工・営業・販売など多様に職種化された従業員がそれに該当する。ただし、たとえば、会社の経営に主体的な関わりをもつ経営コンサルタントなど会社の外部の人材や、さらには、業界団体など会社の経営に対する寄与が認められる人的なつながり、換言すれば人脈もこの資源の中に含まれることとなる。会社はこれら人的資源の協働をベースとしながら、経営方針や経営計画を達成するための活動を行ってゆくこととなる。したがって、会社の成長にとって適した人材をいかに確保するか、なおかつ、それをどのような部署や業務に配置すべきか、さらには、どのように育成してゆくかといった判断が重要となり、適材適

●エディス・ペンローズ (1914-1996)： アメリカ生まれの経済学者であり、経営理論における経営資源の意義とその機能について指摘したことで知られる。会社の成長の基礎に経営資源を位置させた見解は『企業成長の理論』(1959)にまとめられている。

所を意図しながらの資源配分が求められることとなるのである。

　②　モノ　　物的資源をさし、会社の土地・建物や工場などの生産設備や機械、生産に必要な原材料、あるいは業務用オフィスに設置される情報機器や机、さらには製品そのものもそれに該当する。こうした物理的な資源をうまく使用しながら、なおかつ、空間的・経費的な無駄をできるだけ省きながらの蓄積化が強く望まれる資源であり、その場合に、どのようなモノを導入すべきか、あるいは、メンテナンス維持を含めて、どのような管理が必要か、といった課題と向き合うこととなる。

　③　カネ　　資金力をさし、財務的資源ともいう。これを構成するのは、会社の所有する現金はもとより、株式や債券なども含まれ、調達の仕方により、株主の出資による自己資本と、債券や金融機関などからの借金による他人資本として区別されるものである。無借金経営の会社こそ理想的とするイメージがあるが、基本的に会社は常に成長を使命とされる存在であり、そのためには借金をしながら経営規模を拡大してゆくことが現実である。また、借金をすることが節税対策になることからも、金額の多少に左右されるとはいえ、いわゆる負債に該当する資源は必ずしもマイナス要因とはいえない。いずれにしても、これらすべての資金力をうまく配分しながら、開発に投資し、効率的な設備を確保し、より廉価な原材料を調達し、さらには有益な人材を確保して賃金を支払ってゆくことが会社に求められることとなる。

　④　情報　　情報資源をさし、会社の蓄積する知識やノウハウ、会社のもつ**ブランド力**、顧客情報データや業界情報などがそれに相当する。これらは本質的には無形であり、その価値を指標ではかることは難しいが、会社がすでに得ているストロング・ポイントとしての情報資源をいかに有効活用すべきかといった判断材料としての役割を担っているといえる。また、今後の成長のために入手していかなければならない情報資源とは何かといった判断基準にも位置しているといえる。さらに、インターネット環境が世界的に整備されつつある現在において、この技術に基づいた各種データなどの情報資源の蓄積や、その効果的な活用が会社の存続に大きく関わっている傾向を強調すべきであろう。

　⑤　時間　　近年、①～④に加えて、経営資源として指摘されつつある要素であり、開発へかかる時間、生産や販売など生産性に関わる時間、労働時間などを含んでいるように、会社の活動において必要とされる時間に着目した考え方である。人々の生活にとっていかに有益な製品であろうと、

ヒト	モノ
・経営者 ・従業員 ・アドバイザー　etc	・原材料 ・工場 ・社内備品　etc
カネ	情報
・現金 ・株式 ・債権　etc	・顧客情報 ・業界情報 ・ノウハウ　etc

☆わが社はこの部分が強い！
☆どのように配分すべきか……？
☆適材適所を意識しなければ！

図1　経営資源の種類

●**ブランド力**：　会社そのものの名称や、会社が提供する製品やサービスに付与された商標、デザイン、メッセージ性などをブランドと総称するが、その価値や魅力、あるいは顧客の視点からのイメージなどをブランドのもつ力としてとらえることができる。

表1　例　自動車メーカーの場合

①ヒト	経営者・開発スタッフ・製造スタッフ・営業スタッフ・(経営コンサルタント)　etc
②モノ	社屋ビル・開発研究所・自動車工場・車輪製作用工作機械・鉄鋼・タイヤ・販売営業所・水素自動車　etc
③カネ	現金・株式・債券　etc
④情報	燃料電池技術・顧客データ・自動車関税に関する法案　etc
⑤時間	次世代モーター開発にかかる時間　etc

それが開発・製造・製品化の過程において何十年もかかっているようでは、決して効率的とはいえず、会社の活動はきわめて非生産的なものとなってしまう。こうした理解を①～④の要素に加えながらさまざまな経営判断を行ってゆくことが、あらゆる面においてスピード化が進展し続ける現代における会社のありかたであるといえる。

以上のように４大経営資源①～④と⑤についてみてきたが、その具体的な内容は表１のような整理として示すことができる。こうした例を参考としながら、さまざまな会社それぞれが必要とする経営資源についての分析をはかり、会社の現在の問題点を把握し、今後の展開を模索してゆく必要があるだろう。

最後に、補足として、上記の経営資源それぞれは必ずしも独立しているわけではない点も示しておきたい。極端な例を挙げれば、自動車メーカーとインターネットセキュリティの会社が合併し、後者の創始者でもある情報セキュリティ専門の開発者が前者の株式を多く所有し、なおかつ、スマートフォンによる自動運転といった、未来志向の新たな開発プロジェクトへ主体的に携わるといった場合、この開発技術者は①・③・④の要素を満たすこととなる。さらにどれくらいの時間をかけると、この人材の能力が新製品の発表へと展開できるか、といったことも加味すれば、経営資源としての⑤時間といった要素も加わってくることとなる。このように、経営資源とは、それぞれ個別の特性のみならず、それぞれが融合化されたケースにも着目しながら会社の成長に活用してゆくべきものであるといえる。

２）経営資源活用の現在形—経営資源の活用に向けた経済産業省の方針—

第２章第２節において、官公庁の誘導と会社の関係性についての理解を寄せたが、なかでも、経済産業省はその取り組みとして、経営資源に着目した計画を策定、誘導している。その一つは、経営資源融合計画と呼ばれるものであり、異業種の会社それぞれが所持する経営資源の融合を視野に入れながら連携をはかり、それに基づきながらの**イノベーション**を促進する計画である。その場合に、それぞれの会社は人材である①ヒトや既存の製品などの②モノ、そして出資に該当する③カネ、さらには技術やノウハウなどの④情報を一つのプロジェクトに提供し、新製品の開発やそれにと

●イノベーション：innovationの訳語であり、本質的には変革、新規刷新といった意味を内包する。一般的には新しいアイデア、製品、サービスの創出といった意味として使用されるが、新しい生産工程、新規市場の獲得など、広範囲に及ぶ概念でもある。

もなう新サービスの創生を目指すこととなる。ただし、経営資源を単純に提供するというわけではなく、あくまでも複数の会社の一体化を前提としているので、その場合に、会社の事業分野の合併または株式交換、あるいは会社の設立などの手続きや、従業員の出向などの配慮も必要とされる。メリットとしては、国のバックアップにより新たなイノベーションの創出が期待できるほか、現実的には登録免許税の軽減などの税制措置、あるいは、融資に関する金融措置、さらには、事業の合併における手続きの簡略化などの規制上の特例などの支援措置を受けることができる点にある。

今一つは、経営資源再活用計画であり、他の企業から事業を承継して、既存の経営資源を有効に活用するといった計画である。本来的には事業の継続化が困難となった会社の経営資源を継承的に活かすことを目的としたものであり、たとえ会社が**倒産**したとしても、そこにある人材や技術やノウハウなどは消滅するわけではなく、それらを活かしたい会社がある以上、そこに新たな可能性を求めるといった考えによっている。そのメリットは、さまざまな経営資源、とくには④情報に相当するものの減失を防ぐだけでなく、経営資源融合計画と同様な新展開を期待することができる点にある。

これらの新たな価値の創出を視野に入れた計画は、経営資源という理解を既存のものとしながら会社の活動を考えてゆく、といった方向性が浸透しつつあることを示唆するのと同時に、"経営資源の融合化"という発想により将来的な会社像のありかたを提起したといった点から、経営資源に着目した国策としての現在形として理解することができる。

(2) 会社のさまざまな活動

1) 一連の流れとしての会社の活動

さまざまな業種がある現在、会社の活動と一口にいってもそれは多岐にわたっている。そうした現実を踏まえながらも、ここでは、会社の活動のおおまかな流れを押さえてゆくこととする。会社の活動の前提にあるのは、前節で取り上げた経営資源、すなわち、①ヒト・②モノ・③カネ・④情報などであるが、これらを活用しながら、会社の活動は行われることとなる。その場合に、まずはどのような商品やサービスを提供すべきなのか、また、それが可能なのかどうかといったテーマに取り組まなければならない。それは、いわゆる開発を通じて実践される。この開発は当然のことながら研究や試行錯誤を通じて行われ、試作や試案の段階において商品化の目途がつけば、それを生産する体制、あるいはサービスを提供するための準備段階の設定が必要となり、工場建設などの**設備投資**や製品化のための原材料の調達、あるいはサービス提供のためのマニュアルの作成などが行われる。こうした段階を経ながら、製品を生産、あるいは加工し、またはマニュア

●**倒産**： 会社の経営が困難となり、活動の継続が不可能となる状況をさす。その要因として、資金繰りの悪化、業績の低下、不祥事によるイメージの低下などが挙げられる。なお、「倒産」という用語は法律用語ではなく、あくまでも一般的な用語である。

●**設備投資**： 会社の生産体制を支える各種設備の確保を目的として、それに資金を投資することをさす。その場合に、設備の新設だけでなく、既存の設備のメンテナンスや、コスト削減に基づく代替など、さまざまな目的下に実行されることとなる。

ルを完成させ、それを直接訪問・販売店・ネット通販などの流通ルートを使いながら、消費者により形成される市場へと展開することとなるのである。その先にあるのは売却益といった営利の獲得であり、そこまでを会社の活動における一連の流れといってよい。ただし、こうした活動をベースとしながら、会社は利益の増大をはかるべく、さらなる設備投資や人材の獲得に努めなければならず、さらには、次代への展開として、売却益を新たな研究・開発へと投資し、会社の永続的な成長を目指さなければならないのである。

　こうした展開を会社の多種多様な事業にいろいろとあてはめてゆくと、それは、さまざまな社会環境と会社との関係性や、会社の役割などを知るよい課題となり、とくに、経営学を学ぶ者にとってはきわめて有効なトレーニングとなる。たとえば、表2のようにスマートフォンなどに搭載されている**指紋認証**技術の提供を事業としている会社の場合、まずは、**生体認証**に関する技術の実用化をはかるべく高度な研究が実験などを通じて進められ、その成果として指紋認証に関する特許が取得される。その特許の物理的な応用をはかりながら、指紋認証タッチパネルの開発が進められ、その試作品をもとに、販売や生産コストに対する見通しが立てられ、それによりながら生産体制が計画され、生産工場が建設されることとなる。こうした設備投資を行いながら、ガラスなどの原材料の調達や、工場スタッフの採用などが進められ、製造や加工の工程を経ながら製品としての指紋認証タッチパネルが生産されることとなる。このように生産された製品がスマートフォン開発のメーカーのもとに大量に納入され、スマートフォンのパーツとして使用されることにより消費者の手元へと届けられることとなるのである。

　その結果、当然のことながら、その売却益はこのメーカーから指紋認証システムの会社へともたらされ、ここでもって一連の流れはいったん完結する。ただし、その後の展開として、利益の活用による設備拡充や、次代の開発費への投資、あるいは消費者への事後対応など、会社の活動は永続的に続いてゆくのである。このような成長サイクルを想起しながらさまざまな会社の事業を理解してゆくこ

●**指紋認証**：fingerprint authenticationの訳語であり、個人の指紋の個性的側面に着目した生体認証方法。基本的に指紋認証センサーと指紋による本人確認を目的としたものであり、パスワード認証に代替する可能性を秘めている。

●**生体認証**：biometrics authenticationの訳語であり、バイオメトリクス認証とも呼称する。指紋、声紋、静脈、虹彩といった生体的な特徴を活用しながら個人を認証する方法である。なお、これらの特徴を複合的に組み合わせたハイブリッド式の方法も考案されている。

表2　例　指紋認証システムの会社の場合

研究	指紋認証に関する実験・特許の取得
開発	指紋認証技術を応用したタッチパネルの開発
設備投資	タッチパネル生産工場の設立
原材料の調達	ディスプレイフィルム・基盤・ガラス
流通・販売	スマートフォンメーカーへの大量納入
市場	認証システム搭載のスマートフォンを通じて消費者のもとへ
その後	・利益は設備など再投資・新規開発費へ ・不具合が生じた場合のメンテナンス対応 ・システムのバージョンアップ対応　etc

とが望ましいといえる。

2）PDCA サイクルの活用と会社の活動

一連の会社の活動は、開発・生産・販売などにより成り立っているが、それぞれを計画的に、効率よく進めてゆかなければならない。そこで、考案されたのがマネジメントサイクル、あるいはPDCAサイクルと呼ばれる考え方である。これは、さまざまな業務を一連のものとして効率的に行うためには、単純に計画を立てたのち実行すればよいというものではなく、その結果を検証したうえで評価を行い、改善点を抽出したうえで、それを次の計画へと反映させ、さらにはそれに基づきながら次の実行をはかってゆくといったものである。この考えは、図2のように、Plan（計画）・Do（実行）・Check（検証・評価）・Act（改善・処置）という順序による永続的な循環理論であり、それぞれの頭文字をとってPDCAサイクルと呼ばれている。なお、近年、Cの部分を「振り返る」といったニュアンスをもつS（See）、あるいは、「詳しく研究レベルの段階まで確認する」といったニュアンスをもつS（Study）に置き換えてPDSAサイクルという言い方をするケースもある。この考えを先ほどの指紋認証システムの会社にあてはめてみると、A社製のガラスを活用した指紋認証タッチパネルの生産計画を実行したのち、B社製のガラスの方がコスト減となり、製品としての相性もよいという検証が正しいと判断されれば、この会社との交渉を経たのち、次の生産計画にはB社製のガラスを採用した生産体制が改善的なものとして始動するといった具合となる。

このように、PDCAサイクルの活用により、それぞれの作業、あるいは生産工程や、さらには会社全体の活動計画について、常に永続的な改善をはかってゆくことが、無駄を省きながらの効率化や、生産性の向上、そして何よりも会社の成長へとつながってゆくのである。ただし、理論にしばられすぎた場合には硬直化した会社の活動となってしまうきらいがあるため、ある程度の柔軟性を保ちながらの理論の適用が望ましいといえるだろう。

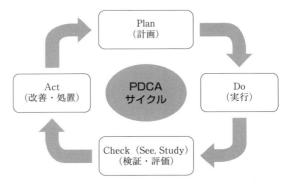

図2　PDCAサイクルのイメージ

☐ 会社にとっての経営資源の意義をまとめましょう。
☐ 経営資源に関するさまざまな理論的見解を収集し、整理しましょう。
☐ 経営資源としてのヒトについて、具体例を挙げながらその活用法を提案しましょう。
☐ 経営資源としてのモノについて、具体例を挙げながらその活用法を提案しましょう。
☐ 経営資源としてのカネについて、具体例を挙げながらその活用法を提案しましょう。
☐ 経営資源としての情報について、具体例を挙げながらその活用法を提案しましょう。
☐ 経営資源の活用について、多方面からの提案を調査し、整理しましょう。
☐ 会社の一連の活動について、具体的な企業名、あるいは業界を挙げてその工程をまとめましょう。
☐ 会社のさまざまな活動における各業務の役割をそれぞれまとめましょう。
☐ PDCAサイクルの有効な活用方法を提案しましょう。

Check

4　組織としての会社

　会社は経営資源であるヒト、すなわち経営者や従業員により成り立っており、それは複数の人材により構成される組織としての形態をとるものである。すべての会社はこの組織をどのようにつくりあげ、どのように体系化してゆくか、あるいは、組織に関わる人材を協働体制へとどのように誘導してゆくか、といった点について向き合う必要がある。その場合に、私たちは、組織化における一定の原理・原則や、ある程度パターン化された組織構成、さらには、いくつかの人材育成方法を参考とすることができる。本章では、これらについての知識を深めながら、組織としての会社についての全体的な理解を進めてゆく。

(1)　組織を管理する

１）経営組織とは

　一般的に、組織とは、個人の行動・意思決定をうながす基礎にあたる(1)共通の目的、組織が設定した目的に対して個人が取り組みに貢献しようとする意思である(2)協働的意思、(1)と(2)を結びつける役割を果たす(3)コミュニケーション、といった３つの要素により成立するものである。この理解を会社の経営にあてはめてみると、会社の成長、あるいは利益の獲得といった共通の目的を達成するために、従業員各々が配置された部署において業務という形の取り組みを行い、それが遂行されてゆく過程において、個人間、または各部署間、さらには管理職と一般社員といった人々の相互の関係性が展開される、といった構図が表れてくる。

　この理解を基礎としながら、組織としての規模の変化に関するさまざまなケースを考えてみると、たとえば、会社の発展にともない、従業員の数をさらに増員しながらその規模を大きくしていくような場合、あるいは、本業とは別事業の会社を買収し、さらなる**新規参入**を試みてゆくような場合、または、きわめて有能な専門性をもった新たな経営者を経営陣へと迎え入れながらの会社運営を行ってゆくような場合、さらには、会社の存続のために賃金コストを抑えるため、人員整理を進めてゆくような場合、などを例示することができる。いずれの場合も、共通しているのは経営者や従業員といった経営資源であるヒトの増減と、会社の規模の変化が同時進行のものとして発生しているということである。その場合に、さまざまなケースへの対応を想定した組織管理が必要となり、経営者、管理職など、

●**新規参入**：　既存のものとして形成された市場に新たに加わり、そこを市場として事業展開を行うことをさす。新規参入を目指す会社は、そこでの成長の可能性を事前に分析する必要があり、ファイブフォース分析（第５章参照）などが活用される。

経営組織の管理に携わる側からすれば、多様に分岐した部門である各部署において従業員に分担作業を与えながら、それら全体を、あるいは各部署を、さらには全従業員について系統立てて管理してゆかなければならない。

他方、従業員の側も、会社全体や部下を管理する側との協働をはかるために、会社組織の構図や指令系統を熟知しながらの業務が求められることとなる。こうした関係性からすれば、経営組織とは、基本的には会社の成長を見越しながら、実際的な会社の機能と、それに携わる人的資源に対する適切な管理が要求されるもの、として理解することができる。

経営組織に対する合理的な管理を行うということは、組織を構成する人々の相互コミュニケーションを円滑にし、業務を機能的に進めてゆける協働体制を構築することであるが、その場合に、経営組織は、**職務**と**職位**、そしてそれらにより成立する各種部門を基礎として編成される。たとえば、ある部門に配置された管理職としての係長の場合、部下の管理に対する責任を果たし、係長としての権限のもとで決済を行ってゆくといった業務内容が職務に該当し、係長職というポジションが職位ということとなる。こうした理解はさらに部長・課長・係長・主任、などといった職位との関係により系統立てられてゆくものであるが、それらは、業務内容に応じた各種部門へと反映させられている。この部門とは、特定の業務領域を表す単位であり、開発部、総務部、経理部、人事部、広報部、営業部、マーケティング部、企画部、営業部、販売促進部などが代表的である。これらの各部門は図1のように系統立てられたものとして構成され、その業務内容に適した職務ならびに職位を有する人材がその部門に配置されることとなるのである。

こうした職務・職位・部門を基礎として編成される会社の経営組織にとって重要なことは、各部門の業務が適切なものとして行われ、各部門内部での有意義な意思の疎通がはかられ、さらには、各部門同士の隣接的な結びつきが形成されることである。これらの条件に基づきながら、組織を管理してゆくことが、常に求められているのである。

●**職務**（job）： 会社において業務に携わる行為、あるいは、従業員が割り当てられる業務そのものをさす。通常、職務に応じた職位が設定される。会社は各種業務を体系的に組織していることから、多岐にわたる職務が存在することになる。

●**職位**（position）： 権限や責任が与えられた業務上の地位をさし、そのポジションにより課される職務が明確化される。この職位を系統立てながら設定することは、会社の機能的な運営に欠かせないものとなっているだけでなく、階層性の構築にも強く影響を及ぼしている。

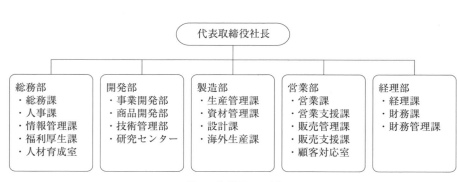

図1　組織図の一例

2）経営組織の編成─その手順─

　会社の規模やその事業内容に応じながら、経営組織の形成が進められてゆくこととなるが、その場合に、ある一定の順序に基づいた編成方針を知る必要がある。それは次の手順として示される。まず、会社の設定した目標を達成するために必要な事業内容や業務内容を細かく分析し、系統立てた部門や職務の配置を行うための準備を行い、会社全体の組織像を明確にしてゆく作業が第一である。続いて、その組織像をより具体化させるために、業務内容の特性や、**課業**の規模、あるいは、人材の能力などを考慮しながら職務の内容を確定させてゆき、さらには、その職務に応じた職位を定め、具体的な職位名を決定する。その場合に、部長・課長・係長のように段階的な職位間の関係性を明確にし、指令系統をスムーズに機能させるために、それぞれの職位にどのような権限、責任、義務を与えるのかを規定する必要がある。最後に、人的資源である人材に**適材適所**なものとしての職位を与え、具体的な配属を行うということとなる。以上の一連の流れによる会社の組織化を基礎としながら、新規事業の展開や、新部門の設置の必要性などを考慮し、柔軟な思考により組織を再編成してゆくといった姿勢も会社にとっては大切なポイントである。なお、会社によっては、編成された組織を図1のような「組織図」としてホームページ上などで公表しているところも少なくない。

3）経営組織の編成上の原則について

　上記のように、組織は一連の過程に則りながら編成され、その結果、組織内部の良好な秩序や、有効な機能性、あるいは、最適な協働体制が確保されることとなる。このように良質な組織を形成してゆく場合に、一定の考慮すべき原理・原則というものがあり、それを組織の基本原則、あるいは組織原則という。以下、いくつかの原則を紹介しながら、その意義について触れてゆく。

　① **仕事主義の原則**　組織の編成において重要なポイントは、適正な業務内容が適格な人材により遂行される環境が形成されることにある。その場合に、ある人材の能力や職位を基準としながら編成を行ってゆくことはあってはならず、むしろ逆に、業務を基準にしながら編成を行い、それに適格な人材を配置してゆくといった方針が必要とされる。確かに、人的資源は会社の活動において重要な要素であるが、そもそも会社の業務内容という前提があってのものであることを忘れてはならない。したがって、会社の成長を見越しながらの業務を中心に組織を編成してゆくことが求められるのである。

　② **部門化と調整の原則**　業務を分割することにより、複数の部門単位を成立させることを部門化というが、その結果として複数の管理者が誕

●**課業**：　労働に従事する者が、ある一定の時間内に遂行すべきものとして割り当てられた標準的な作業量のこと。現在、ノルマという呼称が定着化している。生産や労務など会社側の管理における基準の一つとなるのと同時に、従業員側にとっては課題の一つとなる。

●**適材適所**：　会社に属する人材に、個々の能力などに応じた業務を与えることをさし、それに適した役職の付与や、部門への配置が行われることとなる。その場合に、生産性や効率、あるいは財務的な側面などに考慮しながらの人材配置が行われる。

生することとなる。このことは、既存の部門において一人の管理者では対応を不可能とする状況が発生していたことを意味し、そうした課題を解決するために適正な規模に部門を再編成するといったケースや、規模の面では問題はなくとも、新たな事業展開のために部門を分割し、それぞれに専門性をもつ管理者とその部下を配置してゆくといったケースなど、その目的は多様である。いずれにしても、部門化が進められれば、複数の部門において業務の重複を避ける、あるいは人員配置の面において適正な人数を配置する、といった具合に、さまざまな調整が必要となってくる。このように、調整の側面を意識しながら各部門の機能性を高めてゆくことが必要となる。

③ **専門化の原則**　同種の、あるいは類似の、さらには将来的な融合が期待されるような業務をまとめて一つの部門へと集約させ、能率化をはかる考え方である。この原則を意識することにより、煩雑な業務体制が**一元化**され、共通の専門的な知識をベースに業務が遂行されることとなるだけでなく、二重の労力や職場環境などの物的資源の節約など**コスト・カット**といった効果も見いだせる。

④ **責任・権限の原則**　職務を確定するためには、責任と権限をそれぞれ明確化しなければならない、という原則である。ここでいう責任とは、担当を任された一定の職務を遂行するといった職務上の責任をさし、一方の権限とは、管理者が部下に対して命令や指示を与える命令権限、または、組織内部の人材のすべてが職務を遂行するために与えられた職務上の権限をそれぞれさす。基本的には、職務が展開されるためには、それを遂行させうる権限を人材にもたせる必要があり、その裏返しとして、職務を遂行すべき責任が与えられるといった考えである。なお、管理者の職務上の責任として、部下に命令を下す権限が与えられると、当然のことながら、そこには管理者と部下の間に職務上の上下秩序が形成されることとなることから、秩序化の原則ともいわれている。

⑤ **命令一元化の原則**　組織も秩序を正当なものとして形成し、それを維持してゆくためには、命令系統を明確にし、それが一元化されていなければならない、といった原則である。部門が多くに分かれ、さらに業務内容も多彩になれば、組織内には数多くの命令が飛び交うこととなる。その場合に、上位者から下位者に対する命令の内容が伝達経路により正確性を欠いたり、あるテーマに関する命令が多方面から出ていたとすれば、命令に対する業務遂行上の優先順位の面で混乱をきたすケースなどが発生する。こうした状況は会社の活動を停滞させてしまうことはいうまでもない。したがって、信頼性の高い命令系統を構築し、それに関する一定のルールを上位者・下位者すべてが理解する必要がある。

●**一元化**：　多岐に分割されている対象を系統立てながら統一化することをさす。会社の場合には、組織の統一化、あるいは、業務の系統化、さまざまな課題の総合化などを目指しながら形成されてゆくこととなる。

●**コスト・カット**（cost cut）：　会社における経費（コスト）の削減、あるいはさまざまな費用の無駄を省くといった概念をさす。会社の運営は人件費、光熱費などさまざまなコストの発生に基づくものであるが、その削減をはかることにより、財務体質の健全化が進められることとなる。

⑥　**例外の原則**　それまでの経験などから日常的で定型的な**ルーティン・ワーク**を下位者である部下の職務として担当させ、一方で、部下では対応しえない例外的、または偶発的な仕事を管理者に該当する上位者の職務内容とするといった原則をいい、部下に業務を委任あるいは権限を委譲し、管理者はそれを管理するといった構図としてイメージされるものである。管理者は本来的に部下と同内容の職務を遂行しうる能力をもつものであるが、それを前提として、さらに部門を統括する管理者としての役割を担いながら、部門の業務を有効に遂行してゆくべきであるといった考え方である。なお、委任・権限委譲の原理ともいう。

　⑦　**監督限界の原則**　監督者、すなわち管理職に代表される管理者が自分の部下を有効に管理し、彼らに対して的確な指示を行うためには、その人数において一定の限界がある、という原則である。部下の人数が管理者の管理能力を超えたものとなれば、管理者の負担増により組織は機能しづらくなり、コミュニケーションの面からも協働体制が崩れてしまうことになる。そのような原則を意識しながら、業務内容や人材の能力に応じた適正な人数による配置や、管理者の監督能力の限界性についての理解が要求されることとなる。なお、統制限界の原理、あるいは監督範囲適正化の原理などともいう。

　以上の①〜⑦の原則は組織を編成する際に有効な考え方であるが、それに固執しすぎると、かえって、個々の会社のもつ業務内容としての特性が損なわれたり、時流にそぐわない組織が生まれてしまう可能性がある。したがって、あくまでも原則や原理として参考にしながら、将来的に発展の見込める会社組織を形成してゆくことが重要である。

(2) **さまざまな組織の形**

1) 経営組織における階層の分化について

　会社の組織は、さまざまな職務や部門により成り立っているが、部門化あるいは専門化の原則や、命令一元化の原則が強調されるように、それぞれの業務ないしその担当者が相互にスムーズな関係を保ちながら、機能的なものとして形成されなければならない。こうした組織としての環境を整序するために経営組織の分化という考え方がある。経営組織の分化とは、組織全体を、あるいは、部門ごとにその中身を一定の職務内容に基づきながら縦割り型の階層として分化させてゆくものであり、管理組織と作業組織の2つの階層を基準とする。その場合に、管理組織をさらに階層として区分してゆく考え方である①トップ・マネジメント、②ミドル・マネジメント、③ロワー・マネジメント、についての理解が大切となる。

　①　**トップ・マネジメント**　最高管理者層をさす。経営組織において

●ルーティン・ワーク： routine work. 日常において工程が決まり切っている定型的業務をさす。その場合に、会社全体として、会社の各部署単位で、あるいは個人レベルでといったようにルーティン・ワークが適応される規模は多彩である。

図2　組織管理の階層

最高管理機能を担当する階層であり、経営方針や経営計画、あるいは人事などについての意思決定を行い、経営活動の全般における管理を主な役割とする。社長、副社長、取締役会、常務会などが代表的である。

②　ミドル・マネジメント　　中間管理者層をさす。①トップ・マネジメントが決定した経営方針や経営計画に基づきながら、各部門の業務計画を設定し、その実行における実際的な指令系統としての役割を担う階層である。また、部門の管理者としてあることから、各部門同士の意思疎通の面からしても横のつながりに機能的な役割が求められる階層でもある。基本的に、①トップ・マネジメント層と③ロワー・マネジメント層の中間に位置していることから、①②双方を結節させる重要な役割をもつポジションであり、それだけにバランス調整能力も求められる階層でもある。なお、役職としては、部長や課長をさす場合が多い。

③　ロワー・マネジメント　　下級管理者層をさす。②ミドル・マネジメントの下に位置する階層であり、それの指示によりながら、現場の業務遂行を直接担当する立場である。基本的に自らが計画を設定するということはあまりなく、①や②からの指示をあおぎながら、現場の業務執行を監督する役割を主としている。具体的な役職としては、係長、主任、班長などをさす。

　以上、①～③の階層は図2のように統合的なものとして体系化されるが、①には企業の今後の開発方針や、市場の選定などといった最高経営者層による**戦略的意思**が、②には部門の成果を挙げるための効率化をはかる指令や人材配置に関する中間管理者層による管理的意思が、③には日常的なルーティン・ワークの分担などといった下級管理者層による業務的意思がそれぞれ機能することとなり、それらが相互に補完し合いながら組織全体を構成しているというのが、今日の大多数の会社がもつ姿である。

2）経営組織におけるさまざまな経営形態

　組織において分化された階層についての体系的な理解とは別に、職位や部門を組織の単位としながら、それぞれがもつ権限の関係により成立した命令系統の形態を経営形態と呼び、①ライン組織、②ファンクショナル組織、③ライン＆スタッフ組織、④事業部制組織といった形態が代表的なも

●戦略的意思：　会社においては、経営者側を主とするさまざまな意思決定が行われるが、競争優位性の獲得や、将来的な成長などについて、戦略的な思考のもとで方向性を定める必要がある。こうした戦略的な意思は、さまざまな分析理論などを活用しながら模索される。

のである。

① **ライン組織**　社長→部長→課長のように（図3）、命令系統が直線的なものとして一貫している形態をとる組織をさし、命令権限であるラインにより上位から下位までが結ばれているところに特徴がある。なお、直系式組織、あるいは軍隊式組織とも呼ばれる。この形態の特徴は、命令一元化の原則や、規律の維持を重要視しながら、秩序形成が意図されている点にあり、権限が集中された上位者からのラインを通じて命令が下位者へと降りてゆくといったシンプルなものである。したがって、下位者は直属の上位者の命令に従いながら、協働の業務を行うということとなる。メリットとしては、命令系統が単純化されている点、責任や権限が明確化されている点、組織の秩序が整備されやすい点、組織全体の活力を結集しやすい点、業務拡大による部門の分化がしやすい点、などを挙げることができる。一方、デメリットとしては、責任や権限をもつ上位者の**管理能力**としての負担が大きい点、上位者による誤った命令や判断の影響を下位者すべてが受けてしまう点、部門同士などの横のつながりが希薄化しやすい点、階層が多層化すると、意思の伝達に時間がかかる点、などが挙げられるだろう。

② **ファンクショナル組織**　図4のように、下位者が一人の直属の上位者から命令を受けるだけでなく、専門的な知識をもつ複数の上位者から、業務内容に応じた命令を受ける組織形態であり、多元的な組織として成立するものである。なお、職能的組織ともいう。複数の上位者から複数の下位者へと多岐にわたる命令系統が形成されているところが特徴的である。メリットとしては、下位者は複数の専門化された命令を入手することができる点、上位者は直系の下位者に対する全体的な管理を行わなくてよい点、専門性の高い複数の命令により会社にとって効果的な価値を生み出しやすい点、下位者の専門性が高まる点、などが挙げられる。一方、デメリットとしては、命令系統の多元化により、指示内容の不統一や矛盾といった混乱が発生してしまう点、下位者に対してさまざまな命令が下ることから、上位者の責任の所在が不明瞭になりやすい点、上位者同士の関係性に齟齬が生じた場合に、下位者はその影響下に置かれやすい点、などが挙げられる。

③ **ライン＆スタッフ組織**　①ライン組織に特徴的な命令一元化の原則を活かしながら、②ファンクショナル組織特有の専門化を兼ね備えた組織形態であり（図5）、各ラインに**参謀的**役割をもつ専門家（スタッフ）、たとえば、副社長、秘書、広報、各種アドバイザー、経営企画室などを補佐として配置し、上位

図3　①ライン組織図

出典）森本三男『経営学入門（増補版）』同文舘、1984年、182頁

●**管理能力**：　会社は組織管理のみならず、会社経営の全般、あるいは個々の業務内容について、常に管理を行うこととなる。その場合に、組織形態や活動そのものに適した管理能力が必要とされる。また、トップ、ミドル、ロワー層のみならず、従業員自らの自覚についても個人レベルでの管理能力が求められることとなる。

●**参謀**：　本来的に、軍事における指揮官の補佐の役割を担うといった軍事用語であるが、常に競合相手との競争を運命づけられる会社の経営において多用される用語でもある。指揮官に相当するトップへの助言や、経営戦略上の分析など、重要な局面で重宝される役割を担う。一般的に、副社長や、外部のコンサルタント、有識者などがそれに該当する。

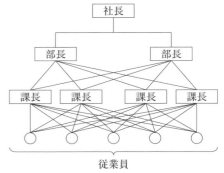

図4　②ファンクショナル組織図

出典）森本三男『経営学入門（増補版）』同文舘、1984年、182頁

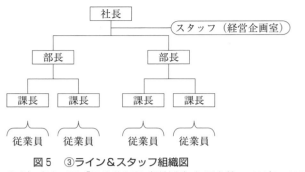

図5 ③ライン&スタッフ組織図
出典）森本三男『経営学入門（増補版）』同文舘、1984年、182頁

者に専門的な助言や提案を行わせることにより、命令系統の専門化を高めるところに特徴がある。なお、直系参謀組織とも呼び、現在、多くの会社が採用している傾向が強い。メリットとしては、命令一元化の原則を踏襲しながら、指示内容の質を高めることができる点、スタッフのもつ専門的知識を有効活用できる点、スタッフを頼りとすることができることから、上位者の職務負担が軽減される点が挙げられ、デメリットとしては、専門性の面からスタッフの権限が上位者より大きくなると、組織がスタッフのいいなりになってしまい、会社内の秩序が混乱する点、各種ラインとスタッフの共同歩調が前提であることから、双方が対立すると命令系統が麻痺しかねない点、などが挙げられる。

④ **事業部制組織** 　会社はさまざまな専門的業務により成り立つものであるが、図6のようにそれぞれを営業事業、販売事業、さらには地域別事業などと系統立てた事業部として弁別し、各種事業部にある一定の権限を与えながら管理を行う組織形態を事業部制組織という。特徴としては、各事業に特有の機能が集中投下され、さらには事業内部の運営に関する意思決定がその内部で行われることから、迅速かつ、効率的な事業内の活動が可能となる点にある。また、新たな事業部門を設置しやすいため、経営の多角化を視野に入れる場合には有効な形態であるといえる。一方で、事業部ごとの独立性が高いことから、各事業相互の連携に困難をきたす場合

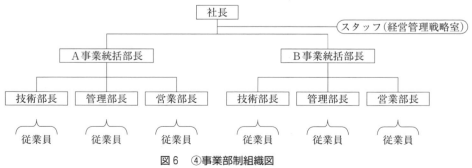

図6 ④事業部制組織図
出典）森本三男『経営学入門（増補版）』同文舘、1984年、182頁

がある点や、各事業部間における従業員の移動において、質的な低下をもたらす可能性がある点などの問題もある。ただし、こうしたデメリットを解決するポジションとして、各事業すべてを総合的に管理する事業統括部の設置や、各事業部のトップに該当する部長クラス、あるいは経営者サイドによる全体的な管理能力の向上が試みられている。

(3) 働き手の管理について

会社にとって機能的な組織が形成されるためには、それに関わる人的資源の確保や育成が求められる。それは、会社と人材の関係性をどのように成長させてゆくかという課題を意味している。その場合に、会社の規模に応じながら、会社にとっての貢献が期待できる人材の確保、人材に対する適切な評価、作業の質的な向上を目的とした育成、人材の会社からの離脱時における対処、などさまざまな管理を一定の方針に基づきながら行うことが求められる。採用担当者、育成担当者、人事担当者、あるいは管理職などによる適正な判断を必要とするこれらの管理は、以下の一連のものとして理解すべきであろう。

1）雇用管理

会社組織は人材の雇用を一つの成長要因に位置づけながら、その経営活動を行っている。それは、雇用管理といったカテゴリーとして理解できるものであるが、年間のスケジュールとして組み込まれているような新卒者を対象とした正規の人材確保である定期採用や、そのつどの欠員補充を目的とした臨時採用に大きく分けられ、双方を通じながら、会社に適した人材の導入が進められる。その場合に、採用計画を前提としながらの採用活動が実行され、会社の目的や規模に応じた人員数の算定や、充員を必要とする業務内容の検証、組織と人材の関係性の長期的な展望、さらには、経歴、組織内の年齢構成、**ジェンダー・バランス**、あるいは**労働基準法**や男女雇用機会均等法などの法体系なども考慮しながら採用基準が設定され、続いて人材の募集、選考、採否の決定を行ったのちに入社、配属といった流れとなる。

2）キャリア管理

入社した人材は、会社組織の中での活動を長期にわたり継続してゆくことが望まれるが、その過程、いわゆるキャリアにおいて、立場上の変化がいくつか発生する。具体的には、異動、昇進といったものであるが、それらについて、経営組織は管理活動を行うこととなる。前者の異動は、配置転換ともいい、職務の変更を意味するものであるが、その目的は欠員補充・職務の新設による充員・定期的な異動である。その場合に、能力の把握に基づきながらの適材適所を原則とした配置や、複数の人材により構成

●ジェンダー・バランス（gender balance）： 社会的に形成された男女の性差をジェンダーと呼ぶが、会社組織において男女の構成比を調和のとれたものとして配置する考え方がジェンダー・バランスである。現在、会社組織のみならず政治活動や各種共同体においても意識される概念として定着しつつある。

●労働基準法： 労働者保護の観点から施行された法律（1947年）であり、憲法27条「労働権」の規定に基づいている。その内容は、労働上の契約や、労働時間、休日など労働条件に関する基準を細目化したものであり、罰則規定も設定されている。なお、同法と労働組合法、労働関係調整法の3つを労働3法と総称する。

される職場内環境のバランスを考慮することが要求され、人材配置に関する選定作業についての管理責任が発生する。後者の昇進とは、係長から課長へ、課長から部長へといった具合に職位、あるいは職務の異動、それにともなう待遇の変化を意味し、その管理においては、以下に紹介する①人事考課、②職能資格制度がよく活用されている。

① **人事考課**　人事考課とは、会社に対する業務上の貢献度や、業務遂行能力、さらには資格などの能力開発状況などを一定の基準により査定するといった人材評価方法をさす。その場合に、有効な査定基準の設定、適正な査定者の選定、適切な査定結果の比較を可能とするひな形、などの基準が必要とされ、評価結果の抽出においては、上司などによる客観的な評定、あるいは面接を通じた評定、さらにはポイント制の導入による数値化といった方法がある。その結果として期待されるのは、人材の質を高めるための指導用の情報源、あるいは、給与を査定するための情報源、または、人事異動における情報源などの獲得につながるといった点であり、管理者側はそれを参考としながら、昇進や異動を決定づけてゆくことができる。ただし、管理者側の一方的な評価に陥りやすいといったデメリットもある。

② **職能資格制度**　職務の遂行能力や年齢、あるいは経歴に応じた格付けとして定めた職能資格等級を根拠としながら昇進や異動についての管理を行ってゆく方法をさす。表1にみられるように、主に勤続年数を柱とした評価基準であるため、年数の長期化が評価の上昇へと比例する特徴があり、それは人材流出の防止へとつながるといった効果がある。一方で、能力に基礎を置いた**成果主義**とは異なるため、勤続年数が短いながらも、実際に業績を挙げた人材などから不満が噴出する可能性も高いといったデメリットもある。

●**成果主義**：　業務を通じて明確化される業績に応じて、報酬の増減、あるいは昇格・降格の決定を行う方針をさす。日本的経営の特徴である年功序列システムに替わる結果重視の人事評価のスタイルであるが、公平な評価の有無に左右されるといった批判もある。

表1　職能資格制度

資格	呼称	規準年齢	人数	役職名	役割期待
1級			400		適正の発見と部門内多能化
2級		25歳	600		適正の発見と部門内多能化
3級		29歳	600		適正の発見と部門内多能化
4級	課長代理	33歳	1000		担当業務の深化
5級	課長	36歳	1000		ライン管理職
6級	部長代理	40歳	1000	主席・室長	ライン管理職
7級	次長	44歳	700	主席・室長	ライン管理職
8級	部長	48歳	200	主席・室長	ライン管理職
参事		57歳	15	部・店長	

出典）独立行政法人労働政策研究・研修機構『調査研究報告書 No.107　管理職層の雇用管理システムに関する総合的研究（下）』

3）教育管理

　会社組織の一員となった人材は、入社から退職までの過程においてさまざまな教育訓練を受け続けることとなり、それは、職務内容に必要な能力の養成や、発展的な能力開発を意図しながら進められる。その場合に、新入社員であれば新人教育、主任級であれば監督者教育、部課長級であれば管理者教育、経営後継者や経営幹部であれば経営者教育といった具合に、組織内の階層に応じた教育訓練や、新入社員のための①導入教育・基礎教育のように時期に応じてのもの、さらには、②職場内教育訓練・職場外教育訓練など訓練環境の場が異なるもの、など多彩である。いずれにおいても、人的資源の育成のために、費用対効果に留意した教育訓練、あるいは能力開発プログラムを組み、それを実行してゆく管理活動が必要となってくる。

　①　**導入教育・基礎教育**　　入社直後には新入社員教育、あるいは入職教育とも呼ばれる導入教育が行われることとなる。これは、新入社員を組織の秩序内へとうまく誘導することを目的とし、会社に対する全体的な理解や、**就業規則**などの会社の基本方針、マナーなど組織の一員としてふさわしい態度の養成、さらには労働条件や各種保険についてなどの事務的な事項の確認などが行われる。こうした導入教育ののち、業務を行うための基礎的な知識を習得することとなる。それは、技能の訓練や職場内実習など職場での体験が主なものであり、基礎教育と呼ばれる。また、双方の教育期間において実施される懇親会などは、既存の人材とのコミュニケーション形成や、**協働**意識を高めるために行われる。

　②　**職場内教育訓練・職場外教育訓練**　　会社組織の人材は常に能力的な成長を求められることとなるが、それは職場内、あるいは職場外などさまざまな環境において伸長されることとなる。職場内教育訓練とは、業務に携わりながら、その過程において必要な知識や技能を実体験や先輩からの直接指導を通じて習得するものであり、OJT（On the Job Training）と呼称する。業務遂行へのノウハウの習得スピードが速いといった効果がある反面、先輩などの技量や指導内容に左右されがちなところもある。また、職場を離れて参加するような職場外教育訓練をOff-JT（Off the Job Training）と呼称し、主に職場外のセミナーや講習会への研修を目的とした参加により、能力開発についての自己啓発を行うものである。

4）退職管理

　会社組織に属する人材は、いずれはその組織を離職することとなるが、それは、定年退職や中途退職などの退職を契機として、あるいは、解雇といった出来事を通じてのものである。いずれの場合にも、それらに対する処置を管理してゆくことが求められる。その際、定年に関する制度の設定、

●**就業規則**：　会社が従業員に対し社内の規則として明示するものであり、一定数の人数の労働者を雇用する会社はこれの作成と届出が義務づけられている。具体的な内容としては労働時間や休日、事務的な手続きなどが細目化されている。

●**協働**：　cooperationの訳語。本来的には複数の存在が共通の目的のために協力しながら働くことを意味している。従業員同士の協働作業だけでなく、会社と会社の協働契約、さらには市民と公共団体による協働事業など、その応用範囲は多彩である。

自己都合退職にともなう暫時の対応、会社の業績や経営計画を背景とした新規採用の中止や希望退職者の募集などの雇用調整や人員整理などを行ってゆかなければならない。退職管理は、会社側、または人材側それぞれの意向に応じるものであるが、いずれの場合も、会社組織から人材が欠けることとなるため、その後の影響に十分配慮しながらの丁寧な対応が求められることとなる。

(4) 組織におけるリーダーシップの役割

　会社組織は複数の人材により成り立ち、上位層と下位層、あるいは命令系統などにより構成されている。そこには、影響力として発揮されるリーダーシップと、それを発揮する側のリーダー、さらには発揮される側のフォロワーといった構図が発見される。こうしたイメージは、会社組織のみにとどまらず、国家、民族、各種団体、さらには教室や家庭などといったさまざまな集団内に見受けられるものであり、経営学のみならず社会学や歴史学など多方面からの位置づけが模索、あるいは指摘され続けている対象でもある。そうした状況からすると、広い意味でのリーダーシップ、リーダー、フォロワーそれぞれについての定義を行うことはきわめて困難である。

　ただし、経営学における一定の理解を示すとするならば、リーダーシップとは会社組織の人間が組織目標を達成するように方向づけたり、**動機づけ**をしたりする影響力、あるいは、協働するメンバーの目的に対する意思決定や意欲を喚起する個人の能力、ということとなる。また、命令や指示を通じてそれを発揮する役割を担う存在がリーダーであり、必要に応じてそれを要求、あるいは享受する存在がフォロワーということとなる。

　しかしながら、この位置づけは必ずしも絶対的なものとはいえない。たとえば、同内容のリーダーシップが発揮されたとしても、組織内の構成によってはそれが強制的に伝わるものなのか、あるいは提案的に伝わるものなのか、といった違いがみられ、また、あるリーダーが、ある場面においては別のリーダーより指示を受け、フォロワーの側になる場合、などさまざまなケースが発見されるからである。

　したがって、以下、①リーダーとは何か、②リーダーシップとは何か、という課題についてのさまざまな見解を列挙するにとどめたい。それらを一意見として参考としながら、①や②に対するの解答を各々の読者が導き出してゆくことが有意義である。

●**動機づけ**：　何らかの行動を喚起し、目的へと方向づける心理的な要素を意味し、モチベーションという表現として一般社会に定着している。会社は人材管理や業務遂行の過程において、モチベーションを与えることにより、愛社精神の養成、生産性の向上、業務の効率化をはかってゆくこととなる。

①リーダーとは何か

- リーダーは指揮に関する能力だけでなく、影響を与える能力をも兼ね備えていなければならない。
- 上位から任命されるリーダーと、下位から自然発生的に選定されるリーダーといった選ばれ方の相違がある。
- リーダーとフォロワーの信頼関係の間にリーダーシップが反映される。
- リーダーは時や場所や機会により上位層であったり、中間層であったり、下位層だったりする。
- 上位層からみるとフォロワーである中間層も、さらなる下位層からすればリーダーである。
- 問題や課題ごとにリーダーを担当する者が変わってゆく。　etc

②リーダーシップとは何か

- リーダーシップとは、組織内の活動を行う人材の意思決定をうながすために行使される、リーダーによる影響力。
- リーダーシップの効果はリーダーの能力に基づいている。また、フォロワーの能力の度合いに影響される。
- リーダーシップとは下位者から組織内における強い協働の意識を引き出すこと。
- リーダーシップはリーダーやフォロワーを含めた組織内の特色に左右される。
- リーダーシップの有効性は時や場所や状況により左右される。
- 複数のリーダーが協力し合いながら一つのリーダーシップを発揮する場合がある。
- 組織の人間関係や課題の条件によって最適なリーダーシップのありかたは変化する。　etc

- ☐ 理想的な経営組織のありかたを提案しましょう。
- ☐ 経営組織における各部門の役割をそれぞれ整理しましょう。
- ☐ 経営組織の編成に関するさまざまな原則に加えて、新たな原則を提起しましょう。
- ☐ トップ・マネジメントの重要な役割を指摘しましょう。
- ☐ ミドル・マネジメントの重要な役割を指摘しましょう。
- ☐ ロワー・マネジメントの重要な役割を指摘しましょう。
- ☐ ライン組織、ファンクショナル組織、ライン&スタッフ組織、事業部制組織のそれぞれの特徴を述べましょう。
- ☐ 働き手の管理に関する一連の流れを工程として整理しましょう。
- ☐ 理想的なリーダーのありかたとはどういうものでしょうか。
- ☐ 理想的なリーダーシップとはどういうものか、さまざまなケースを想定して述べましょう。

Check

5　会社の経営計画について

　会社の活動は直近の成果の獲得のみならず、将来的な成長をも期しながら行われるものである。その場合に、細密に整理された経営計画というものが必要となる。したがって、この経営計画が策定されるために必要な要素や策定のプロセスについての理解を深めなければならない。また、経営計画が将来へと及んでいる点からすれば、それがカバーする時間的な規模により、いくつかの種類に区分されていることについても知る必要があるだろう。なお、本章において、経営計画の策定に資するいくつかの分析理論についても紹介することとする。

(1) 会社の経営を計画する

1）経営計画とは

　会社は常に成長を求められる存在であり、そのためには将来的な目的を実現してゆく必要がある。こうした未来志向の方向性は、経営計画に基づきながら具体化されてゆくこととなる。この経営計画はおおむね、経営理念、あるいは経営行動基準をベースとしながら、企業全体の、または事業部門ごとの現実的な実績や将来的な可能性についての検討を行い、その結果として将来的な目標を決定してゆくといった工程に基づいており、その場合に、さまざまな情報を収集したうえでの分析や、多彩な経営戦略理論（第7章）の活用が導入されている。

　こうした流れにより成立する経営計画の役割の一つとして、経営活動の将来的な目標を提示することが挙げられ、今一つとしては、実際の業績と計画を比較することにより、業績測定としての機能がもたらされることにある。これらを含意しながら策定された結果は、**成文化**されたものとして社会に提示されることとなるが、その内容は、計画の反映が意図された期間の規模により、短期経営計画、中期経営計画、長期経営計画と類別される。それぞれの内容が示す指針を経営活動の基礎に位置づけながら、会社は継続性をともなった成長を志してゆくのである。

2）経営理念・経営行動基準について

　経営計画の根本的なベースに位置する経営理念とは、会社全体の、あるいはそれに属する人材すべての活動における取り組みとしての姿勢を内外に示したものであり、経営者、とくに創業者の信念、信条、理想、といった思想的なものが反映されていることが多い。ただし、その内容は必ずし

●成文化：　会社は確定化された情報、あるいはその過程における情報などを文章化し、社内、社外などさまざまな媒体を使い発信している。経営理念、行動基準、経営計画、あるいは決算報告など、会社ホームページなどを通じて発信される情報は、成文化を通じて会社と社会をコミットメントさせる重要な要素である。

も不変というわけではなく、創業者の心意を尊重しながらも、時代背景や会社活動の変化に応じながら変化させているといった会社もある。具体的には、「千里の道も一歩から」・「臥薪嘗胆」などというように、ことわざや故事成語、あるいは、「産業報国」などのように歴史的な経緯を背景とした表現、さらには各種表現を組み替えた造語などにみられるように抽象的であるのと同時に、きわめて個性的である。

また、どのような指針を意図しているかといった側面からすれば、たとえば、「和」など協働につながる団結や協調、共同を強く意識したもの、あるいは「互助」・「お客様本位」など社内秩序や顧客サービスにつながる礼節や人間観を強調したもの、また、「工夫」など、商品や生産、あるいは販売スタイルのPRにつながるフレーズを取り入れたもの、などその目的も多様である。こうした特徴をもつ経営理念は**社是・社訓**、スローガン、モットー、**綱領**、指針、社歌、さらには次にふれる経営行動基準に反映させながら成文化されていることがほとんどであり、その結果として、経営活動の規範として発信され、会社組織に属する人材にとっては、活動指針として強く意識すべきもの、社外に対しては、会社のブランドイメージを伝える役割を果たすこととなるのである。

このように経営理念は会社のスタート時における前向きな、あるいは自戒の念を込めた類のものが多いが、思想の表現に力点が置かれやすかったため、具体性に乏しい側面がある。そうした特性をより具体化させたものが、経営行動基準と呼ばれる成文化された指針であり、企業行動基準とも呼ばれる。その特徴は、会社としての、あるいは業務部門ごとの現実的な活動に即しながら、とるべき行動がより細かく明示されていることであり、オーソドックスな内容としては、経営理念をベースにしながらの、今後の新たな会社活動の例示や、具体的な社会貢献への取り組み、会社内において改善すべき点の表明、などが挙げられる。こうした内容をもつ経営行動基準は、将来的な展望を含意しているのと同時に、その内容を実現するために計画性が加味されていることから、実際のところ、経営計画の誕生の前段階に位置しているとも理解できる。したがって、経営理念から経営行動基準へ、それから経営計画へといった段階的なとらえ方が大切である。

3）経営計画の策定に必要な要素

経営理念や経営行動基準に基礎を置いた経営計画は、必ず会社組織の内部において策定されるものであるが、その作業を行うにあたり、以下、①〜⑦といった要素を必要とする。それらは、後述する策定プロセスとも大きく関わるので、以下に整理しておきたい。

①　**経営資源の正確な把握**　　ヒト、モノ、カネ、情報、時間などにより構成される経営資源があるからこそ会社の活動は成り立つのであり、そ

●**社是・社訓**：　社是は会社の経営上の方針としての主張であり、社訓は従業員が順守すべき基本的な指針を訓示として示したものである。双方ともに会社の使命を含意している点から、その活動における根底的な思想が反映されており、主に創業者の考えに則ったものが多い。

●**綱領**：　本来的には、各種団体や、とくに政党が掲げる規定としての条文をさし、政策や基本方針の主張をその内容とする。会社によっては、経営理念や経営方針を綱領とネーミングしながら提示しているところが少なくない。

れは将来へとわたる継続的な要素である。これらが現状においてどのような役割をもっているのかを把握することは、会社の成長へとつながる能力の明確化へとつながる。その結果として、場合によっては、ヒトを増員したり、コストカットを実施したりといった方針が計画の中に盛り込まれてゆくこととなる。

② **事業領域の確認**　会社はさまざまな事業を行っているが、現況ではどのような反応を得ているか、その数値的な業績はどういうものかといった事実を確認しなければならない。事業領域を把握するということは、会社の活動能力に対する社会的な価値の確認にほかならないことから、それを基準としながら、将来的にその事業領域をどのように展開してゆくべきか、将来性はあるのかどうか、といった可能性を導き出し、それを計画に反映させてゆく必要がある。

③ **会社の実績の数量的な把握**　会社の活動は、定期的に作成される財務諸表などに整理される売上高や利益など、数量的なデータにより裏づけられている。それを細かく把握したうえで、今後を占う指標としての基準を設定することは、将来的な可能性に対する正確な数値的根拠を与えるということとなる。したがって、経営計画には当然のことながら、利益率、成長率、マーケット・シェア、**顧客満足度**などが数値的目標として提示されることとなる。

④ **内部環境についての情報収集と分析**　会社組織に直接的に関わる人材、たとえば、経営者や従業員、さらには株主や、会社組織の内部、あるいは会社の活動が直接的に反映されているさまざまな事象のことを会社の内部環境という。具体的には、経営者の能力、従業員の技量や経験、会社の組織力や技術力、市場における地位、生産性、収益性、資金力、設備能力、さらには、社会全般に対する影響力などを挙げることができる。これらは、①や③の要素と重なる部分もあるが、少なくとも、将来への見通しをはかるうえでの基礎に位置する事実であり、それらを情報として収集す

●**顧客満足度**：　会社が社会へ提供する商品やサービスが消費者にとってどのように評価されているのかを示した考え方であり、数値化されるケースが多い。その結果を踏まえながら、さらなる満足度の拡充がはかられることとなる。

```
・経営者→経営能力・管理知識・人脈
・従業員→技術・専門性・経験
・会社の社会的地位
        →認知度が高い商品A
        →国際的なニーズが高い商品B
        →シェア占有率
        →特許数
・会社の設備
        →所有店舗と設置エリア
        →所有工場と設置エリア
        →設置した研究開発センターと提携先
・会社組織の機能性
        →組織の形態
        →組織内における問題解決度
        →退職者数
・会社の財務体質
        →資金力
        →収益性
        →財務上のデータ          etc
```

図1　内部環境の分析対象例

ることにより、将来性を考慮した分析が試みられることとなる。たとえ、かなりの正確性をもって業界の未来を予測しえたとしても、そこでの会社の活動を現実化できるだけの人材不足や、資金不足といった事実があり、それを改善する余地を発見できなければ、計画倒れとなってしまうことは明白である。したがって、図1として例示される内部環境を徹底的に分析し、その結果に基づきながらの経営計画を策定することは不可欠な要素であるといえる。

⑤ **外部環境についての情報収集と分析** 会社を取り巻くさまざまな環境を外部環境といい、会社の活動を決定づける要因として重要な意味をもっている。それは、法律や国際情勢などの政治的要因、**経済成長率**やGDPなどの経済的要因、少子高齢化や流行などの社会的要因、生体認証の技術開発などの技術的要因として類別化されるものが代表的であり、それら区分の中に含まれる多様な条件についての分析を行ったうえで、将来における社会全般のありかたを模索し、それを未来の時代背景としながら、会社の活動の可能性を導き出すことが求められ、その結果を経営計画へと反映させることとなる。なお、この外部環境についての情報収集と分析について、基礎となる考え方があるので紹介しておきたい。それは、先にふれた類別そのものをさすPEST分析と呼ばれるものであり、P＝Politics（政治）、E＝Economy（経済）、S＝Society（社会）、T＝Technology（技術）といった4つの外部環境それぞれに含まれるさまざまな条件（図2）が現況や未来においてどのような影響を与えるかといった分析を行いながら、自社の進路を模索してゆくことを目指した考えであり、経営学の分野だけでなく、一般的にもよく知られている。

⑥ **会社の将来性に関する構想力** 会社の未来というものは、未知の領域でもあり、その過程において戦争や各種規制などさまざまなアクシデントといった外部環境の影響を受け続けることから、計画通りの未来を実現できたという会社はほとんど存在しない、というのが現実であるが、たとえ、そうであったとしても、将来像をどのように描くのかについては自由な裁量が与えられているというのも事実である。したがって、どれだけ自由に将来像を構想できるか、という会社としての能力も試されることとなる。これは、言葉を変えれば、どれだけ正確に未来を予測できるかへの挑戦でもあり、そこから展開された見通しに①〜⑤などの要素を加えながら、より説得力のある経営計画が策定されることとなるのである。

⑦ **経営計画の策定担当者の存在** 経営計画は人により策定されるものであるが、それは全従業員の総意というわけではなく、やはり、経営幹部、あるいは経営計画の立案に詳しい専門性をもったスタッフ

●経済成長率： 一定の期間において、一国経済の規模がどのように変化したかという動向を示した数値的指標。一般的にはGNP（国民総生産）の増加率を基礎として算出されるものであり、景気の動向を示す重要指標として経済政策的な誘導に活用される。

●GDP： Gross Domestic Productの略語であり、国内総生産と訳される。国内において生産された商品やサービスに関する付加価値を総計したもの。国内を範囲とする経済活動の規模を表す指標として活用される。

Politics（政治的要因）	・国政方針・規制緩和 ・法改正・政権交代 ・国際協調・他国間摩擦
Economy（経済的要因）	・経済成長率・雇用統計 ・消費者物価指数・為替 ・株価・国債金利
Society（社会的要因）	・人口統計・老齢人口 ・少子高齢化・流行 ・民族性・文化
Technology（技術的要因）	・通信技術・技術革新 ・新規開発・新資源発見 ・インフラ整備

図2　PEST分析の対象例

のサイドを中心に策定作業を行うことが望ましい。経営幹部といった上位者はやはり、会社の活動を全般的に把握しているポジションであることから、彼らが描く構想に、専門スタッフによる分析結果やアドバイスを組み込みながら、計画というより現実味のある内容が策定されることとなるのである。

(2) 経営計画をつくる

経営計画の策定を行うために必要な要素は以上のようなものであるが、実際に策定を試みる場合に、私たちは経営計画の内容面における種類や、計画の規模についても考慮しなければならない。

1) 経営計画の規模と種類

経営計画はその計画が包括する規模に応じたものとして、総合計画と部門計画の2通りに区別される。ここでいう総合計画とは会社全体を対象とした計画をさし、総括経営計画・全体計画ともいう。一方の部門計画とは、生産計画・販売計画・開発計画・**財務計画**など特定の業務部門を対象とした計画のことであり、個別計画ともいう。普段、会社側から発信されているのは、総合計画がほとんどであるが、主に会社組織内での意思の疎通をはかることを目的としながらの、単に部門計画だけを作成した経営計画や、部門計画を統合した形の総合計画としての経営計画など、応用された種類が確認される。以上が、経営計画の種類としての代表的な区分であるが、そのほかに、期限つきを強く意識した経営計画や、期限を定めることのないそれ、あるいは、実現性よりかは創造性を重視した夢想的な経営計画などといった種類もあることを補足しておく。

また、見通しをはかった期間、といった時間的な規模により区分された計画として、短期経営計画、中期経営計画、長期経営計画がある。短期経営計画とは、ここ1～2年の期間を想定した計画であり、厳密な数値的指標に基づいた予算の編成や各部門の具体的な活動などを定めながら、確定された業務内容を整理したものである。続く、中期経営計画とは、3～5年のスパンにおける会社の成長過程を計画したものであり、構想を実現するための方向性を明確化したものである。ただし、その内容は短期経営計画を包括しているため、将来的な予測に応じた構想ときわめて現実的な取り組みが融合している点に特徴があり、日本の会社の場合は、最も具体的な経営計画の発信としてこの中期経営計画を重点化し、それを道標として会社の活動を行っているケースがほとんどである。最後の、長期経営計画は、短期や中期を含みながら計画されてはいるものの、その想定するスパンが6～10年といった**不確実性**をともなう長期にわたるため、会社活動の方向性や10年後にありたい構想など、理想像の提示の側面が強いといえる。

●**財務計画**： 会社の財務に関する活動を計画化したもの、あるいは計画化することをさし、財務管理における重要な見通しとして扱われる。この場合に、財務に含まれる活動としては資金調達やその運用が骨子であり、それらの細密な分析に基づきながらより現実的な運用が目指されることとなる。

●**不確実性**： 会社は将来的な展望を構想しながら、意思決定をはかり、その活動を行っているが、直面すべきさまざまな事象は必ずしも想定通りとはいかない。このように現れる不確かな多様性を不確実性といい、それを含意しながら会社の成長をうながしてゆく必要がある。

これら3期の計画は経営計画として代表的なものであるが、それぞれが独立しているわけではなく、短期の内容は中期・長期に含まれ、中期の内容は長期に包括されるなど、不可分の関係にあることは再度強調しておくべきであろう。そのほかに、1年間の徹底した遂行計画を定めた**年度経営計画**や、長期計画をはるかに凌駕する50～100年といった期間における会社の成長を理想的に描いた超長期経営計画などもある。なお、どの期間においても、内部や外部環境の変化や、為替などの数値的な変動などを考慮しながら、策定された経営計画を再検証し、部分的、あるいは抜本的な修正を適宜行ってゆくといったメンテナンスも必要とされる。

●年度経営計画：　中期・長期計画における初年度に該当する期間を対象とした年度計画をさし、現実性の高い数値の提示に依拠しながらの具体的な計画を内容とする。その場合に、利益や資金などについての厳密な分析が要求されることとなる。

2）中期経営計画の策定プロセス―策定から発表に向けて―

私たちは経営計画の策定に関する作業工程についても理解しておく必要がある。この課題については、いくつかのプランが提案されているが、ここでは多くの会社が公開している代表例でもある総合計画・部門計画を併せもった中期経営計画をテーマとしながら、一例としての図3のような策定プロセスモデルをシミュレートしてみる。

経営計画の策定にあたって、まずはその根本となる会社の経営理念、あるいはそれを反映した経営行動基準や経営方針を明確にすることからスタートする（①）。この作業は、会社本来の社会的な使命や社風の自覚を再確認することにつながるのと同時に、計画の基礎に置かれているといった事実が、のちに計画の遂行に携わる人材にとっての拠り所ともなるのである。それに基づきながら、売上高などの成長性目標、利益率などの収益性目標、従業員の生産性目標、環境保全などの社会的責任の目標などの経営目標が設定されることとなる（②）。その場合、より具体的な目標が求められるため、先述した内部環境や外部環境に関する情報収集が行われ、それらの分析による経営力や将来性についての予測が進められるが、この時点において、目標とさまざまな環境との間に発見されるギャップの抽出がポイントとなってくる（③・④・⑤）。どうしても実現をはかりたい経営目標であれば、そのギャップを埋めるための手段を模索しなければならず、その手段に該当するのが経営戦略（第7章参照）ということとなる（⑥）。こうして経営目標を実現するための経営戦略が決定したのちに、それを遂行するための3～5年を期間とした具体的な活動内容が考案される。それが中期経営計画の設定である（⑦）。この場合、さまざまな部門別の計画を包括しながら、総合計画へと落とし込むことが有効であり、それにさらに含まれるものとして、1～2年といった目先の短期経営計画の設定が進められる（⑧）。

〈策定のプロセス〉
①経営理念・経営行動基準・経営方針の明確化
↓
②経営目標の設定
　　③内部環境・外部環境の情報収集
　　　　　　＋
　　④内部環境・外部環境の分析と予測
　　　　　　＋
　　⑤経営目標とのギャップの抽出
↓
⑥経営戦略の形成
↓
⑦中期経営計画（総合計画・部門計画）の設定
↓
⑧短期経営計画（総合計画・部門計画）の設定
↓
⑨計画書の作成と発信
↓
⑩計画の実施とコントロールへ

図3　経営計画策定のプロセス例

シンプルではあるが、以上の一連の流れを通じて計画書が作成され、それが発信されることとなるが（⑨）、そこにたどりつくまでには、専門スタッフである複数の計画スタッフの手を経た多様な計画案が代案として提案されることが望ましい。なぜならば、いくつかの案の比較検討や融合などをはかりながら、より最適な経営計画案の採用が期待できるからである。こうして策定された経営計画はいよいよ実施という段階へと至ることとなるが、不測の事態の発生など不確実な要因があることから、その後の推移に応じながら、微調整、あるいは修正などをはかってゆく、いわゆるコントロールが求められてくるのである（⑩）。

3）経営計画の策定における分析理論の活用

外部環境分析を紹介した箇所においてPEST分析という理論を紹介したが、それ以外にも経営計画の策定、あるいはマーケティング分析や経営戦略の策定へと活用される①ファイブフォース分析、②SWOT分析といった理論もある。補足的ではあるが、以下に紹介しておきたい。

① ファイブフォース分析　マイケル・E・ポーターの提唱による外部環境分析の理論であり、①「既存のライバル企業との敵対関係」、②「新規参入業者の脅威」、③「買い手（顧客）の交渉力」、④「売り手（供給業者）の交渉力」、⑤「代替品の脅威」といった5つの競争要因（five forces）の分析に基づきながら業界構造の把握や、自社の業界的ポジションの明確化を行うものである。この作業において、製品や販売ルート、生産コストや提供サービスのしかた、社会全般からの評価、などが分析されることとなり、その結果として明らかとなった業界構造を背景としながらの、自社のストロング・ポイントやウィーク・ポイントの確認へとつながり、それに基づきながら、今後の可能性が模索されることとなる。

たとえば、図4の例示にみられるように、ハンバーガーチェーンの会社（A社）であれば、①競争業者は同業のライバルチェーンB社、C社であり、②新規参入業者は外国から上陸してきた新会社（D社）、③買い手は若者などの消費者、④売り手は食肉やポテトなどを供給する卸売会社（E社）であり、⑤代替品は同じファストフードに該当するラーメン、牛丼、という把握が可能であり、A社の経営計画や経営戦略を立てる場合に、B社やC社の商品との違いや売れ行き、どういった年齢層に支持されているか、使用している原材料はアメリカ産の牛肉かオーストラリア産の牛肉か、牛丼チェーンの店舗数は増加しているのかどうか、などといった分析が可能となる。

そうした結果として、ラーメンや牛丼などを日常的には食さず、ある程度自由な金銭をもつ高齢者を顧客ターゲットとした高級魚バーガーの開発が、水産品加工業者からの安価な仕入れを可能とするところから収益的

●マイケル・E・ポーター（Porter, M. E.：1947-）：ファイブフォース分析などの戦略に関する方法を提起したアメリカの経営学者。代表的著書である『競争の戦略（*Competitive Strategy*）』（1980）は経営学、経営戦略論の学習や実践におけるバイブルとして知られる。

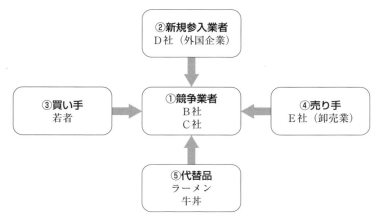

図4　ファイブフォース分析―ハンバーガーチェーンA社の場合―

期待でき、さらには肉をメインとしたB社・C社・D社との**競合**を避けることとなる、といった展望を導き出すことができるのである。こうしたアイデアに数値的な根拠や目標を織り込みながら具体化されたものが経営計画に盛り込まれることとなるのである。

② **SWOT分析**　会社の潜在性を明らかにするための分析手法であり、内部環境における強み＝S（Strength）と弱み＝W（Weakness）、外部環境における機会＝O（Opportunity）と脅威＝T（Threat）といった指標に基づきながら現状分析を行ってゆくものである。経営資源に対する分析を重点化した内部環境分析と政治・経済・社会・他社などの外部環境分析の双方を融合させながら、自社を評価するところに特徴があり、本格的な内部・外部環境分析を行う場合に、その準備にあたる整理作業に相当する。

たとえば、図5の例示にみられるように、生体認証技術の会社の場合、内部環境分析の結果として、指紋認証に関する**特許**を取得しており、事業展開における資金も潤沢である（S）が、事業展開における業務遂行を可能とする専門知識をもった人材が不足し、販売網を開拓しなければならない（W）といった点が明らかとなり、外部環境分析の結果として、認証技

●**競合**：　一般的には競い合うことを意味し、会社の経営といったテーマにおいては、同条件の事業分野におけるライバル他社を示す意味となる。競合相手に対する競争優位性の確保に関して、市場・顧客（Customer）・自社（Company）・他社（Competitor）についての3C分析が重宝される。

●**特許**：　新規の技術開発や既存技術の改良などを発明として、それを発明した人の独占として認定する考え方。特許法といった法的整備下における特許権として確立されており、原則的に特許の出願から20年間、あるいは25年間の期間、保護される。

Strength（強み）		Weakness（弱み）
・財政基盤 ・提携関係 　→指紋認証特許 　→健全な財政基盤	内部環境	・人材不足 ・店舗数不足 　→専門的な人材の不足 　→販売網が少ない
Opportunity（機会）		**Threat（脅威）**
・国家間貿易協定の締結 ・オリンピック開催 　→認証技術関連法案可決 　→クレカ搭載の傾向化	外部環境	・少子高齢化 ・流行病の発生 　→ハッキング技術の向上 　→偽造技術の向上

図5　SWOT分析―生体認証技術の会社の場合―

術を推進する法律が可決され、また、指紋認証の技術を搭載するクレジットカード会社が増えてきている（O）が、ハッキングの技術の進化が速く、指紋の偽造技術も開発されている（T）などを把握することができる。このような環境分析を通じて、この会社の可能性をはっきりと方向づけ、それを経営計画、あるいはマーケティング（第6章）や経営戦略（第7章）などに反映させてゆくこととなるのである。

- ☐ 経営計画を策定することの意義について述べましょう。
- ☐ 経営理念とは何か、見解を述べましょう。
- ☐ さまざまな会社の経営理念を調査し、その表現と特徴を整理しましょう。
- ☐ 経営計画の策定に必要なさまざまな要素について、整理しましょう。
- ☐ 興味のある会社の経営計画を調査し、その実現性について考えてみましょう。
- ☐ 短期経営計画、中期経営計画、長期経営計画、超長期経営計画それぞれの意義を整理しましょう。
- ☐ 自分が会社を興す場合に、どのような経営計画を策定するか構想を練ってみましょう。
- ☐ 経営計画の策定において、必要な分析方法について調査してみましょう。
- ☐ 具体的な会社をテーマとしながら、ファイブフォース分析を行ってみましょう。
- ☐ 具体的な会社、あるいは業界をテーマとしながら、SWOT分析を行ってみましょう。

Check

コラム2:   **SWOT分析は戦略立案のもと**

　以下は、株式会社エイチ・アイ・エスのマーケティング戦略をSWOTに基づいて分析したものである。なお、同社グループは、ホテルやテーマパークの運営、電力事業なども行っているが、ここでは、主力事業である旅行事業について分析した。

強み（Strength）	弱み（Weakness）
・国内トップレベルの取扱高、知名度 ・在外拠点が多い ・別業態をもつグループ企業 ・リーズナブルな価格設定のイメージが強い ・若年層に強い	・グループ・法人対応が後発 ・シニア・富裕層の取り込みができていない ・「安いが質はあまり高くない」というイメージ ・店頭チャネルの販売ウェイトが高い
機会（Opportunity）	脅威（Threat）
・訪日外国人客の増加 ・2020年東京オリンピックの開催 ・団塊世代のリタイア	・政情不安、円安 ・オンライン・トラベル・エージェント（OTA）の台頭 ・レジャー志向の多様化 ・国内人口の減少、少子高齢化の進展

　なお、本章でもふれている通り、SWOT分析はあくまでも現状分析のツールであり、これをベースに戦略を立案していく。その際に、以下のように「強み」、「弱み」を縦軸に、「機会」、「脅威」を横軸にして新たなマトリックスを作成し、それぞれに該当する象限に、戦略策定上のヒントや不安要素など埋め込んでいく方法も有効であろう。

	機会	脅威
強み	〔追い風の中でさらに強みを発揮するための戦略〕 ・在外拠点を活用して訪日外国人客を取り込む。 ・増加するホテル需要を、グループのホテルを活用することで対応し、顧客を拡大する。	〔逆風の中で強みを発揮するための戦略。逆風の中、強みを損なう不安要因〕 ・在外支店の日本向けの現地集客を強化することで、円安を追い風にする。 ・価格の安いOTAの台頭により安さのイメージが低減してしまう。
弱み	〔追い風の中で弱みを強みに変える戦略〕 ・時間的・経済的に余裕のあるシニアに向けた商品開発を行う。 ・大型イベントに対応できる部署の充実をはかる。	〔逆風の中でマイナスを最小限に抑える対抗措置。逆風の中での弱みによる不安要素〕 ・店頭チャネル以外に、外商（法人営業）、オンライン販売のウェイトを増やす。 ・高価格帯の商品を充実させることで、シニア・富裕層を取り込む。 ・少子高齢化の進展で保有顧客層が縮小してしまう。

6 マーケティングについて

　マーケティングという言葉を見聞きすると、売上アップの秘訣や仕掛けのことをイメージする人がいるかもしれないが、本当に重要となるのは、**フィリップ・コトラー**らが述べているように「人間や社会のニーズを見極めてそれに応えること」である。また、単純に顧客の声に耳を傾けるということではないということも重要である。マーケティングは顧客のニーズに受動的に適応するだけではなく、顧客に対して積極的に働きかけていき、新しい需要を生み出していくことを基本論理とする。

　本章では、マーケティングの基本知識として理解しておくべきこととして、マーケティング近視眼、マーケティング環境の分析、STP、マーケティング・ミックスについて学んでいく。マーケティング・ミックスについては、製品、価格、流通、プロモーションそれぞれの戦略に関連する基本的用語についても学ぶ。また、これらマーケティングにおける分析、計画策定、実行に関わる調査として、最後にマーケティング・リサーチに関する基本的知識についても説明する。

●フィリップ・コトラー：近代マーケティングの体系化に尽力してきた研究者で「近代マーケティングの父」と呼ばれている。1967年に発表された著書 *Marketing Management* は、2015年に第15版が出ている。このほかにも、他の研究者との共著で『マーケティング4.0』や『社会的責任のマーケティング』など、多数のマーケティング関連書籍を発表している。

(1) マーケティングとは

　次のような状況に直面したとき、あなたならどんなことを考えるだろうか。

> あなたはチョコレート菓子の老舗メーカーに勤務している。あるとき、社長が自社の主力事業であるチョコレート菓子部門の売上業績を20％上げるプロジェクトの立ち上げを宣言し、あなたはそのリーダーに抜擢された。来週の会議までに、チョコレート菓子部門の売上業績を上げるための具体的なアイデアを考えなくてはならない。

　読者の中には、人気のSNSのアカウントを自社でも作成し、宣伝活動を行うという案が思い浮かんだ人や、同じSNSの活用でも、消費者自身に商品名やパッケージの写真が掲載された情報を発信してもらうための企画やキャンペーンを実施するという案を思いついた人がいるかもしれない。また、ウェブサイトから入手できる割引クーポン券を発行するという案や、注目を集めそうな新しい商品キャラクターをつくるという案、自社でネット販売を開始するという案などを思いついた人もいるだろう。その他、最

近よく見聞きするようになった美容や健康効果をアピールするという案や、食べ切りサイズなど、従来とは異なる分量タイプの発売という案もあるだろう。

　マーケティングにおいて重要となるのは、これらの取り組みが「顧客に目を向けているかどうか」、「顧客の視点・立場から、製品やその販売に関連する活動を考えて実行しているかどうか」である。たとえば、糖分の摂取量を気にして、チョコレート菓子の購入を躊躇している人がいるとしよう。こうした人にとって、一度包装を開けると中身を全部食べる必要があるタイプの商品は、食べすぎになることが懸念されるため、たとえチョコレート菓子を食べたいと思っていても、購入しない可能性が高い。こうした人にも購入してもらうための方法として考えられるのが、分量は従来のまま、中身を個別包装にして販売するというものである。これによって、「チョコレート菓子を食べたいけれど、食べすぎになるのは避けたい」という人のニーズを満たすことができる。前述した食べ切りサイズの販売という案も、同様のニーズを満たす別の方法といえる。また、仮にそのような人の特徴として、スマートフォンのニュースアプリで健康関連の記事をよく読むという傾向がわかれば、そのアプリの使用時に新商品の宣伝を表示させる広告活動や、健康と関連づけて新商品を紹介する記事やニュースがメディアで紹介されるようにするための広報活動の展開が考案できる。

　マーケティングは、**ピーター・ドラッカー**が述べているように、「顧客を理解し、顧客に製品とサービスを合わせ、自ら売れるようにすること」を目指していくものである。また、上記のように顧客の視点・立場から製品や宣伝の内容を考えること以外に、消費者の欲しいものやブランドに対するイメージ、ライフスタイルなどを、アンケートやインタビューなどで調べるのもマーケティング活動の一部である。これらも顧客の視点・立場を知る・考えるという目的から実施される活動であると理解するとよいだろう。

　注意が必要なのは、マーケティングにおいて求められるのは、単純に顧客の声に耳を傾けるということではないという点である。確かに、顧客が求めるものに製品やサービスの内容を合わせることは重要である。しかし、古くから指摘されているように、優れたマーケティング事例と呼ばれるものは、顧客が真に求めるもの、言い換えると新しい需要をつくりだしてきた。つまり、企業が顧客からのニーズに受け身になる形で適応するだけではなく、積極的に顧客に対して働きかけていき、適応するべき環境を自らつくりだしているのである。こうした行動は、創造的適応と呼ばれ、マーケティングの基本論理であるとされている。

●ピーター・ドラッカー：『イノベーションと企業家精神』、『非営利組織の経営』、『マネジメント』、『現代の経営』など、企業の存在意義やマネジメントに関する著作を数多く発表し、「マネジメントの父」とも称された人物。

(2) マーケティング近視眼

　顧客の視点から製品やその販売に関連する活動について考えることに関連して、マーケティング研究者であるセオドア・レビットが提示したマーケティング近視眼という概念について理解しておく必要がある。マーケティング近視眼とは、企業が自分たちの事業を、単純に「売っているもの」（製品）から定義することによって、自分たちの事業を狭く、硬直的にとらえてしまう状況のことである。

　レビットは、この概念を提示した論文の中で、第二次世界大戦後のアメリカの鉄道産業の衰退を分析し、その原因として当時の鉄道業者による事業定義の誤解を指摘している。レビットによると、当時の鉄道業者の顧客は「輸送手段」を求めて鉄道業者を利用していた。しかし鉄道業者の方は、自分たちを鉄道事業としてとらえていた。言い換えると、自分たちのライバルとは、他の鉄道会社であると考えていたのである。やがて、アメリカ社会に、鉄道とは別の輸送手段として、トラックやトレーラー輸送が出現する。すると、輸送手段として鉄道を利用していた顧客はトラックやトレーラー輸送を利用するようになり、輸送事業として自分たちの事業を定義していなかった鉄道業者は顧客を失い衰退していったのである。

　この事例からもわかるように、顧客にとって、企業から提供されているもの、すなわち製品やサービスは何かの「目的」を実現するための手段なのである。マーケティング近視眼に陥らないようにするためには、その「目的」や「製品が果たす機能」について、顧客の視点から考えることが重要である。顧客が抱えている課題の解決や望む状態の実現によって顧客にもたらされるもののことを便益（ベネフィット）と呼ぶ。

(3) マーケティング環境の分析とSTP

1) マーケティング環境の分析

　マーケティング活動は、自らの置かれている状況を分析することから始まる。変わりゆく環境をしっかりと把握し、これに積極的かつ柔軟に対応していくためである。マーケティング環境は、内部環境と外部環境に大別することができる。前者は企業にとって自社内部の状況をさし、後者は自社を取り巻く外部の環境のことをさす。また、外部環境は政治や経済の状況や、人口構成やライフスタイル、社会階層などの社会的状況、技術発展の動向など、マクロ環境と呼ばれるものと、競合企業や自社製品の販売を担当する企業、自社に部品や材料を供給する企業、銀行などの金融業者、マスメディア、市民団体の動向など、ミクロ環境と呼ばれるものに大別することができる。これらをマーケティング環境として分析する手法は、第

5章で紹介されてきたPEST分析やSWOT分析、マイケル・E・ポーターが提示したファイブフォース分析などが代表的である。

2）セグメンテーションとターゲティング

セグメンテーション（Segmentation）とターゲティング（Targeting）、そして次項で学ぶポジショニング（Positioning）は、マーケティング環境の分析に基づいて実施されるマーケティング計画策定の第一段階の作業である（第二段階はマーケティング・ミックスの策定）。3つの作業は、それぞれの英単語の頭文字をとってSTPと呼ばれる。

セグメンテーションは日本語では市場細分化とも呼ばれる。この表現からもわかるように、セグメンテーションとは、さまざまな性質やニーズをもつ顧客の集まりである「市場」を、ニーズや反応が類似するグループ（セグメントと呼ばれる）に細分化していく作業である。

セグメンテーションの意義は、顧客満足とコスト抑制を同時に達成することにつながる点にある。異なるニーズをもっている人々を満足させるための最も簡単な方法は、オーダーメイドのサービスのように、一人ひとりに個別の対応をすることである。しかし、一人ひとりに個別の対応をした場合、そのコストは膨大なものとなり、結果として価格も高くなる。企業にとって、コストの点で有効な手法となるのは、一つの商品を大量生産して顧客に提供する方法である。しかし、この手法は市場を構成している顧客のニーズがすべて同質であるということが条件となる。先述のように、セグメンテーションは市場をニーズや反応が類似するグループに分けていく作業である。これによって示されたグループが、ある程度の規模のものであれば、顧客満足とコスト抑制を同時に達成することができる。

セグメンテーションを実施する際に必要となるのが、市場を分ける際の基準（セグメンテーション変数）である。自分の職場のメンバーやクラスメイト、住んでいる市町村の住民を分類する基準を考えなさいといわれたときに、年齢や性別、世帯規模、所得、学歴などが比較的先に思い浮かぶ。これらは人口統計的変数（デモグラフィック変数）と呼ばれるものの一種である。これらの変数が異なれば商品やサービスに求めるニーズも異なる。たとえば、単身、2人、3人以上など世帯規模が異なれば冷蔵庫に求める容量や機能も異なってくる。

人口統計変数以外にも、地域や都市規模、気候などの地理的変数、人種や宗教、国籍、社会階層などの社会文化的変数、商品やサービスに対する知識や求めるベネフィット、**革新度**などの心理的変数（サイコグラフィック変数）などがある。住んでいる地域が異なれば、同じ麺類でも好まれる出汁の濃さが異なるといった話を聞いたことがある人もいるだろう。国籍が異なれば、当然のことながら説明で用いられる言語をそれぞれの国に合

●革新度：　新しい商品やサービスに対する人々の態度の違いに関する概念で、新しい技術や製品などのイノベーションが世の中に広まっていく過程に関する研究の中から生まれた。心理的変数として用いる際には、新しいものを進んで採用する人、流行に敏感で、自ら情報収集を行って判断する人、比較的慎重になる人、流行や世の中の動きに関心が薄い人などに分ける。社会学者エヴェリット・M・ロジャーズがイノベーションの普及に関する理論の中で提示したイノベーション採用者の分類（「イノベーター（革新者）」、「アーリーアダプター（初期採用者）」、「アーリーマジョリティ（前期多数採用者）」、「レイトマジョリティ（後期多数採用者）」、「ラガード（採用遅滞者）」）が用いられることもある。

わせる必要があるほか、観光で日本を訪れるときに期待しているものも異なるといわれている。また、たとえ住んでいる地域や国籍、年齢、所得など、上記の変数が同じ場合でも、品質重視の人と価格重視の人では、最終的に選択する商品やサービスが異なってくる。実際のセグメンテーションは、こうした変数のいくつかを組み合わせながら実施していく。

　セグメンテーション後に実施するのが標的市場の設定、すなわちターゲティングである。ターゲティングによってマーケティング対象として設定されるセグメントは単一の場合も複数の場合もあるが、注意が必要なのは、単純に対象セグメントを決定するのではなく、各セグメントの魅力の評価や、競争環境および自社の経営資源の状況なども考慮したうえで実施しなければいけないという点である。

　ターゲティングのメリットは、簡単にいうとマーケティング計画策定の第二段階であるマーケティング・ミックスの策定における起点となるところにある。たとえば、ターゲット顧客が定まることによって、どのようなニーズを満たす製品やサービスを設計すればよいのか、どのような嗜好に合わせればよいのかなど、製品やサービスの具体的内容が定まってくる。仮に、あなたが携帯電話メーカーで製品のスペックを考える立場だったとしよう。ターゲティングを実施せずにスペックを考えようとすると、デザインはどうするのか、どんな機能を搭載するのか、どんな液晶を使うのか等の決定において非常に苦労することが予想される。これに対して、20・30代の価格重視層のセグメントをターゲットとして選択した場合はどうだろうか。ターゲット顧客は価格を重視しているので、低価格を実現するためにも最低限の機能のみを残していく必要があり、どの機能を残すか、どんな部品を使用するのか等の検討に入るのが容易になるといえる。

　同様のことは、顧客とのコミュニケーションやプロモーションを考える際や、販売ルートを考える際にもいえる。年齢層が異なれば、商品の情報と接触する可能性が高いメディアや、よく利用される購買場所は異なってくる。また、何を重視するかの心理的変数が異なれば、顧客とのコミュニケーションやプロモーションの内容も異なることになる。たとえば、機能性重視の顧客は、新商品に加わる新たな機能についての情報を求めていることが予想されるため、テレビCMや雑誌広告においても、そのような情報を含めることが重要になる。

　このように、製品やサービス、プロモーションや販売ルートなどの考案が容易になるということが、ターゲティングのメリットである。その一方で、ターゲティングによって標的とするセグメントを絞り込んだ製品やサービスは、ターゲット以外のセグメントにとっては魅力がないものとなる可能性もある。たとえば、前述の20・30代の価格重視層をターゲット

にした結果、低価格を実現するために液晶の画質やスピーカーの音質、カメラの性能などを必要最低限のスペックに抑えて設計された製品は、当該セグメントには支持されても、他のセグメントにとっては魅力的なものとはならない可能性が高い。

　こうした点を踏まえると、特定のセグメントをターゲットに設定する場合には、前述した各セグメントの魅力の評価を通じて、そのセグメントから十分な利益が得られるかどうかを事前にしっかりと把握することが重要となる。あるいは、単一のセグメントではなく、複数のセグメントをターゲットとして選択したマーケティング活動を展開することになる（ただし、やみくもにターゲット層を拡大するという意味ではない）。その際には、競争環境や自社の経営資源の状況なども考慮していく必要がある。

3）ポジショニング

　ポジショニングとは、「競合製品と比較して、当該製品が相対的にどのような位置にあるかとともに、顧客のマインド内でどのような位置を占めるかを明確にすること」（コトラーほか 2014：99）とされる。通常、顧客は自分のニーズを満たしてくれる製品を、多数の選択肢の中から選ぶことができる。これは企業にとっては多数の競合が存在することを意味する。こうした中で自社製品がターゲット顧客から選ばれる存在になるためには、ターゲット顧客が魅力を感じる特徴や、そのことに対する競合企業の製品展開や自社製品の特色の付与について考えていく必要がある。ポジショニングでは、**知覚マップ**の作成などを通じて、自社が優位性を獲得できるポ

●**知覚マップ**：　図1のように、顧客の頭の中で知覚されるブランドが、特長などの点で、どのように異なるのかを位置関係によって表したもの。実際の作成作業では実在するブランド名が入る。たとえば図中の上側にはコンビニやスーパーなどで日常的に購入されているタイプのブランドが入る一方、下側にはデパートや高級な洋菓子店で販売されているようなブランドが入る。同時に、この図の場合、シェアしながら食べるものなのか、個人で食べるものなのかといった点も考慮していくことになる。知覚マップの軸や各ブランドの位置については、消費者調査などをもとに考えられていくことも多い。ポジショニングマップと呼ばれることもある。

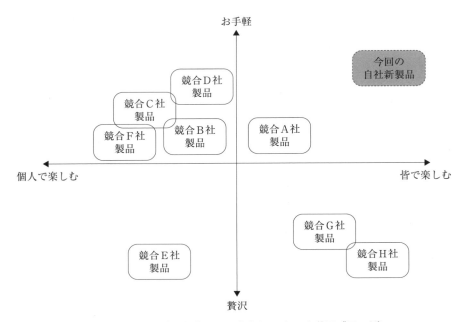

図1　知覚マップの作成イメージ（チョコレート菓子ブランド）

ジションを決定する。そして、そのポジションを実現するためのマーケティング・ミックスを策定していくことになる

(4) マーケティング・ミックス

　STPが定まったら、次はこれに応じた形でマーケティング・ミックスの策定を行う。マーケティング・ミックスとは、以下のように説明されてきた。

・ターゲット市場から望ましい反応を引き出すことを目的として組み立てる戦術的なマーケティング・ツールの集合体（コトラーほか2014）
・ターゲットとして選定された顧客とのあいだに価値ある交換関係を実現するための、コントロール可能な具体的手段あるいは活動の集合（久保田ほか2013）

　これらの説明からわかることは2つある。第一にマーケティング・ミックスはターゲティングの延長線上で実施されるということである。第二に、マーケティング・ミックスは、ターゲット顧客を想定しながら展開される具体的な手段や活動の集合のことを意味しているということである。具体的な手段や活動とは、製品スペックやデザイン、品質の決定、価格設定、広告づくりやキャンペーンの展開、イベントの実施、販売ルートや販売方法の設定など多岐にわたる。マーケティングのテキストでは、これら具体的な手段や活動を4つの領域に分けて説明することが多い。4つの領域とは、製品（Product）、価格（Price）、流通（Place）、プロモーション（Promotion）である。いずれもPから始まる英単語となることから**4P**と呼ばれる。

　マーケティング・ミックスがターゲティングの延長線上で実施されるということは、マーケティング・ミックスの内容がターゲット顧客の特徴と一致している必要があるということを意味する。ビジネスマンをターゲットにした商品の広告を少年漫画誌に掲載したり、カメラ初心者をターゲットにした一眼レフカメラをプロカメラマンやカメラ愛好家が集まる、素人には敷居が高そうにみえるカメラ専門店で販売したりするといった、マーケティング・ミックスの内容がターゲット顧客の特徴と矛盾している状態はつくるべきではない。もう一点、4P同士の矛盾をつくらないことも重要である。たとえば、価格が30万円の高級カバンをコンビニで常時陳列して販売すると聞くと、違和感を覚える人は多いのではないだろうか。このように、マーケティング・ミックスはターゲットにした顧客の特徴との一致と、4P同士の一致に注意しながら展開していく必要がある。次に、4Pについて個別にみていくことにしよう。

1）製　　　品

　ここでいう製品とは、テレビや洗濯機といった有形のものだけではなく、

●**4P**：　1960年にエドモンド・J・マッカーシーが著書*Basic Marketing*の中で提示したマーケティング・ミックスの諸要素の分類。マーケティング4Pや4Psと呼ばれることもある。

美容室でのヘアメイクや経営コンサルタント会社による経営相談など、無形のものも含まれている。製品やサービスは、少なくとも3つのレベルで考える必要があるといわれている（コトラーほか 2014）。第一のレベルは、製品やサービスの中核となる顧客価値である。製品を設計する際は、まずはこの部分、すなわち顧客が求めるベネフィットを明確に定めなければならない。マーケティング近視眼の部分で確認してきたように、たとえば、鉄道業者にとっては顧客が求めていた「ものを輸送すること」が、衣類用消臭除菌スプレーのメーカーにとっては顧客が求めている「ソファやカーテン、コート、靴など、洗うのが面倒なものの手軽な洗濯」が製品の中核となる顧客価値といえる。

　次の第二のレベルでは、中核となる顧客価値が製品やサービスの特徴、デザイン、パッケージ、品質水準、ブランド名などを通じて実態製品へと転換されていく。衣類用消臭除菌スプレーの場合、散布する液体に含まれる成分や効果、ボトルの形状などを通じて、ソファやカーテン、コート、靴など、洗うのが面倒なものの手軽な洗濯という中核的な価値を人々に届けている。

　そして第三のレベルとして、企業は保証やアフターサービス、製品サポートなど、付加的なサービスやベネフィットを提供することで、中核となる顧客価値と実態製品の外側に、拡張製品を構築する必要がある。

　一口に製品やサービスといっても、普段からわれわれが日常生活を送る中で購入するものもあれば、企業として購入するものもある。前者は消費財、後者は生産財と呼ばれる。消費財の中には、**最寄品、買回品、専門品、非探索品**といった分類も存在する。これらの違いによって、顧客の購買頻度や購買時の行動、価格、流通のありかた、プロモーションの方法などが異なってくる。

　一方、美容室でのヘアメイクや経営コンサルティングなど、無形のものについてのマネジメントでは、サービスがもつ有形財とは異なる特性とされる無形性、不可分性、変動性、消滅性についても知っておく必要がある。まずは、無形性であるが、あなたは旅行に行く前に、購入するものと全く同一のサービスを体験することはできるだろうか。あるいは、好きなバンドのライブに行く前に、そのライブの雰囲気を感じることはできるだろうか。基本的に、サービスの購入者は自分が購入するサービスを事前にみたり、味わったり、ふれたり、聞いたり、香りをかいだりすることができない。これが無形性といわれるサービスの特性である。

　次に不可分性についてである。携帯電話やテレビ、清涼飲料水などの有形財の場合、事前に生産・販売され、その後に消費される。これに対しサービスは、生産と消費が同時に行われる。そのため、売り手からサービ

●**最寄品**：　食料品や日用雑貨品のように、購買頻度が高く、購買のための時間に長時間かけることはしない商品のこと。

●**買回品**：　自動車やパソコン、家具などの耐久消費財や趣味品など、購入頻度が低く、消費者が購入にあたり品質や価格を比較検討するなどして慎重に選ぶ商品のこと。

●**専門品**：　独特の個性やブランドとしてのアイデンティティをもち、消費者が特別な努力を払ってでも購入しようとする消費財のこと。たとえば、高級自動車や腕時計、ハイブランドファッションやスーツなど。

●**非探索品**：　消費者が普通は購入しようとは思わない商品のこと。たとえば生命保険のように、消費者が認知していても普段は積極的に購入しない商品や、消費者が認知していない画期的な新商品のことをさす。

スを切り離すことができない。サービスがもつこうした特性のことを不可分性という。

　さらに変動性という特性もある。携帯電話やテレビ、清涼飲料水などの有形財は、生産プロセスが標準化され、同一の製品が継続して供給される。これに対し、サービス業では、同一品質のサービスを連続して提供することが難しい。たとえば、同じ美容室でも、スタッフによって手際よく丁寧に対応できる人もいれば、そうでない人もいる。また、同じスタッフであっても、そのときの気分や体調などによって対応が変わることもある。こうした特性が変動性と呼ばれる。サービスの変動性に対して企業が取り組む品質管理の手法としては、従業員の採用段階での見極めや、マニュアルや訓練を通じた提供水準の保持、機械の導入などを挙げることができる。また、顧客満足度を測定し、その結果を活用していくことも方法の一つである。

　最後に消滅性である。有形財の売り手は多くの場合、製品が売れるまでそれらを在庫しておくことができる。しかし、ホテルや交通機関の場合、前日の客室や座席の利用分が余ったからといって翌日分にすることはできない。サービスは提供されている時点で消滅し、本来期待できた収益があったとしてもそれらを再び取り返すことはできないのである。サービスがもつこうした特徴のことを消滅性と呼ぶ。

　消費者に便益や満足を与えるという点では、製品もサービスも基本的には同一である。しかし、サービスのマーケティングを考えていくうえでは、サービスの特性である無形性、不可分性、変動性、消滅性の4つについて理解していくことも必要となる。

2）価　　格

　一般的に、価格とは製品やサービスを購入するために顧客が支払う金額である。マーケティング・ミックスとしての価格には、この意味に加えて、支払い条件や支払い方法のほか、購入量や時期による割引、クーポン発行などが含まれることもある。

　あなたは、自分がつくったものの価格を決める際に、どのようなことを考慮するだろうか。最もシンプルな設定方法は、その製品をつくるうえで必要だった費用に、利益を上乗せして価格を決める方法である。この手法は、コスト・プラス法と呼ばれる。

　他方で、価格を変化させたことによる売上の変動率や、消費者が「○○だと、だいたい××円ぐらいだ」というように、特定の商品ジャンルに対してもつ値段についての感覚を調査して価格を決めることもできる。こうした価格設定は、需要に基づく価格設定と呼ばれる。価格を変化させたことによって売上がどの程度変わるかを示す概念として**価格弾力性**がある。

●**価格弾力性**：　価格の変動に対し、ある製品の需要や供給がどれほど変化するのかの比率のこと。需要の価格弾力性の場合は、需要の変化率を価格の変化率で割った値で表され、この値が1より大きいと「弾力性が大きい」といい、1より小さいと「弾力性が小さい」という。価格弾力性が小さい場合、価格を変更してもほとんど需要は変化しない。逆に価格弾力性が大きい場合、価格が変わると需要が大きく変化する。

価格の変化に対して需要がほとんど変化しない場合、価格弾力性が低いとされ、需要が大きく変化する場合、価格弾力性が高いとされる。また、消費者が価格判断の際に参考として使う価格は参照価格と呼ばれる。「○○だと、だいたい××円ぐらいだ」といった自分の記憶から思い浮かべた価格も参照価格の一つである。これらコストや需要に基づく価格設定のほかにも、競合ブランドや競合店の価格を考慮して価格づけを行うこともある。これが競争に基づく価格設定である。

3）流　　通

　マーケティングにおける流通とは、顧客まで製品を届けるために企業が行う活動のことを意味する。消費財の場合、メーカーが製造した製品は、卸売業者や小売業者を介して、消費者のもとに届く。こうしたメーカーから顧客にものを届ける流通経路はチャネルとも呼ばれる。以下では、マーケティングにおけるチャネルの管理に関する課題を確認していく。

　第一の課題は、チャネル選択と呼ばれる作業である。これは、どの卸売業者や小売業者と取引するかについての検討であり、その決定は、どのようなチャネル構造をつくりあげるかだけではなく、マーケティングの各種活動とも関係してくる。たとえば、自分たちの製品を最終的に顧客に販売する場所として、全国展開するスーパーやコンビニを選択するのか、大都市のデパートのみに限定するのか、特定のジャンルの専門店に限定するのか等の決定は、前項「製品」のところで学んだ消費財の種類や、ターゲット顧客と強く関係してくる。

　第二の課題は、選択した卸売業者や小売業者が、メーカー希望小売価格の順守や、顧客に対するアフターサービス等の提供、ブランド・イメージの維持など、メーカーの意図に対する協調姿勢をとるようにすることである。この課題はチャネル管理と呼ばれる。たとえば、メーカーの側でターゲット顧客のニーズや特徴を考慮して設定した宣伝イメージとは矛盾する行動を、最終的に顧客に販売する店の側がとっていると、メーカーの側の努力は台無しになる。販売価格についても同様であり、小売業者の側でメーカーの意図に反して大幅な値引き価格で販売されると、当初は想定していなかった安っぽいイメージが顧客の中で浸透する可能性がある。こうした事態を防ぐため、メーカーには各流通業者を統制することが求められる。

4）プロモーション

　マーケティングにおけるプロモーション手法の中で、伝統的な手法として研究、実践されてきたのが広告である。広告は、アメリカマーケティング協会によると「営利企業や非営利組織、政府機関または個人が、特定のターゲット市場や聴衆に対して、製品、サービス、団体またはアイデアに

ついて、伝達または説得をするために、大量伝達が可能な媒体のタイムまたはスペースを購入して、告知や説得的メッセージを掲出すること」と定義されている。広告には、テレビやラジオで流れる宣伝のほか、新聞や雑誌などで掲載されているものもある。そのため、この定義では「大量伝達が可能な媒体のタイムまたはスペースを購入して」という表現になっている。

　また、広告の目的は伝達や説得であるとされている。説得とは、たとえば「この商品は購入する価値がある」と視聴者が思うようにすることなど、受け手の考え方や評価、好意、行動を強化することや変化させることを想定した表現といえる。現代社会では、広告の媒体としてテレビ、新聞、ラジオ、雑誌のほか、屋外広告や交通広告なども数多く存在しているが、広告費の推移として近年伸びてきたのがインターネット広告である。このインターネット広告の伸びとは逆に減少傾向にあるのが新聞広告である。こうした広告費の推移は、広告主が伝達や説得の手段としての各種媒体の有効度を、どのようにとらえるようになってきているのかを表すものとしてみることができる。

　広告のほかにも、マーケティングにおける伝統的なプロモーション手法として、キャッシュバックやクーポン、増量パック、コンテストの開催などの販売促進や、新聞や雑誌、テレビ、ラジオなど報道機関に対して、組織から商品の情報や組織の方針等をニュース素材として提供し、広く一般に報道してもらうための活動であるパブリシティ、販売ブースでプレゼンをするといった人的販売が存在する。その他、スポーツや芸術のイベント開催や、工場や企業博物館など見学施設や機会の提供、セミナーの開催、寄付や地域活動の実施など、さまざまなプロモーション手法が存在している。

　また、近年のマーケティングではトリプルメディアという考え方も重要となってきている。これは企業とメディアの関係のありかたをもとにメディアの種類を3つに分けるものである。まず、伝統的なプロモーション手法である広告のように、メディアが所有する時間や空間を、企業が広告主として購入し、それによって伝達や説得などを目的とした情報発信を実施するという形は、組織が購入可能なメディアという意味でペイドメディア（paid media）と呼ばれる。一方、現代の企業は自社のウェブサイトやSNSの自社公式アカウントの取得などによって、人々に情報発信をすることも可能である。また、工場見学や企業博物館も企業からの情報発信の道具としてとらえることができる。これらは企業が自ら所有しているのであり、メディアに対して金銭を支払うという構図にはならない。こうした組織が自ら所有可能なメディアのことをオウンドメディア（owned media）

と呼ぶ。最後に、パブリシティの結果でもあるメディア報道や、インターネット上で展開されるユーザーのクチコミなど、第三者が情報発信するメディアも存在する。これはアーンドメディア（earned media）と呼ばれる。今後のマーケティングにおけるプロモーションでは、3つのメディアを有機的に連動させた方法を考案していくことが求められる。

(5) マーケティング・リサーチ

　ここまで、マーケティング環境の分析と計画策定に関する基本的知識について確認してきた。実際のマーケティング活動では、環境の分析以外の場面でも、さまざまな調査が実施される。たとえば、商品企画の場面では試作品の味やパッケージ、価格に対する顧客の反応を調べたりするほか、既存の製品やサービスを顧客がどのように利用しているのかを調べたりする。広告制作の場面でも同様に、いくつかのコンテンツ案から視聴者の反応を調査し、最終的な広告内容を決定する。また、実際の商品の販売後や広告の掲載後の販売動向なども調査していき、今後の改善等につなげていく。このように、マーケティングでは各種の意思決定を支えるため、さまざまなリサーチが展開されているのである。こうしたマーケティング・リサーチの手法は、大きく分けると3つのタイプが存在する。

　第一に、相手から質問に答えてもらう形式の調査である。アンケートやインタビューなどがこれに相当する。製品やサービスに対する知識や評価、好みや購買行動を聞いていく際に利用されることが多い。調査は対面状況だけではなく、電話、郵送、ウェブなどを用いて実施することもある。

　第二に、人々の行動や状況等を観察してデータを集める調査である。店舗前の通行量の調査や、消費者の商品使用場面を記録していくといった手法であり、基本的に相手に質問をすることはない。ブログやSNSなどで交わされる顧客の会話や書き込みのチェックもここに含まれるといえる。

　第三に、要因と結果の間にある因果関係を推定する調査である。一部の地域の実際の店舗を使って、特定のPOPを商品前に設置する場合としない場合での顧客の反応の違いなどを調査したり、店舗ごとに価格を変えてみて、販売数量の違いを調査したりすることなどがこれに相当する。こうした実験は実際の店舗を使用する場合もあれば、実際の店舗を再現した場所で実施する場合がある。

- ☐ マーケティング近視眼とはどのような状況のことを意味しているでしょうか。
- ☐ セグメンテーションとはどんな作業でしょうか。
- ☐ セグメンテーションの意義は何でしょうか。
- ☐ ターゲティングの意義は何でしょうか。
- ☐ 知覚マップは何のために作成されるものでしょうか。
- ☐ マーケティング・ミックスとは何でしょうか。
- ☐ サービスが有している、有形財とは異なる特性とは何か説明しましょう。
- ☐ 参照価格はどのように形成されるのかを説明しましょう。
- ☐ トリプルメディアとは、メディアをどのように分類する考え方なのかを説明しましょう。
- ☐ マーケティング・リサーチの手法を3つに分けてみると、どのようになるのか説明しましょう。

Check

コラム3: 旅行産業の 4P を考えてみよう

　本章の説明を踏まえたうえで、4P の具体的な事例として、旅行産業のマーケティング戦略を取り上げたい。なお、当マーケティングツールは、本来、特定企業の特定の財・サービスについて行うべきであるが、ここでは、理解を深めるため、一般になじみの深い業種全体を取り上げ、そのマーケティング施策を紹介する。

①製品（Product）

　製品戦略で検討する項目の中でも、旅行産業においては、品質、付随するサービス（アフターケア、保証）、ネーミング、ラインナップ（品揃え）などの比重が高くなる。また、自社の扱っている製品を、ブランド管理することが主となっているため、従来のブランドに関する方向性と齟齬が生じないように調整することも重要である。さらに、旅行商品とは、運輸機関や宿泊業者等から仕入れた素材をアッセンブルしたものであるが、そこに付加価値を生み出すことが求められている。その付加価値とは、たとえば、旅行に必要なさまざまな利用機関の予約が一つの窓口ですむ利便性、旅行目的の達成のための提案力、個人で購入するよりも安い価格設定となる廉価性、旅行情報の提供における信頼性などである。

②価格（Price）

　価格戦略のうち割引に関しては、子供やシニア、ファミリーを対象とした割引、早期に予約した場合の割引、一定数の参加を条件にしたグループ割引など多様な施策がとられている。また、株式会社エイチ・アイ・エスは、学生を対象として最大 7 か月後に旅行代金を支払う「出世払い」というサービスを提供しているが、これも価格戦略の一形態である。旅行業界においても、高価格帯と低価格帯に需要が集まる、いわゆる二極化現象の傾向がみられる。大手各社では、専門支店の拡充、クルーズ旅行のラインナップ強化、国内ツアーへの豪華バス投入など、とりわけ高額商品の充実に注力している。

③流通（Place）

　旅行産業における流通戦略は、どの場所に店舗を置くのかといった視点と、製品をどのようなチャネルで販売するのかといった 2 つの視点が想定できる。前者は、一般に人が多く集まる駅前（もしくは駅中、または大型商業施設の中）に設置される傾向が強い。また、後者に関しては、旅行会社の店頭、外商、インターネットを介しての販売チャネルが確立している。なお、流通戦略は、インターネットを主要チャネルとした旅行会社（オンライン・トラベル・エージェント）の急成長により、旅行各社にとって非常に大きなマーケティング課題となっている。

④プロモーション（Promotion）

　旅行会社のプロモーション戦略としては、店頭の旅行パンフレットが長らく主力となってきた。しかし、近年は、自社ホームページや、SNS を介したプロモーションが大きなウェイトを占めつつある。また、旅行商品の案内は、新聞紙面や折り込み広告などとも親和性が高いが、これは販売につながるだけでなく、当該企業の認知度の向上にも役立っている。

　なお、余談であるが、就職活動などのグループディスカッションなどで、意見を出し合うだけのブレインストーミングに終始しているケースが散見される。「販売戦略」を論じるとき、メンバーの意見を整理するツールとしてもぜひ 4P を活用してもらいたい。

7 会社の経営戦略について

　会社の経営戦略（corporate strategy）は、いうまでもなく、競合他社に打ち勝つための優れたものでなければならない。それでは、どのようにそれを策定し、経営環境に適応させていけばよいのであろうか。

　もとより、会社の経営戦略には、論者により多様な定義や考え方が存在している。つまり、これこそは正確な定義や考え方であると断言することには無理もあろう。もちろん、会社の経営戦略は、自社を取り巻く経営環境を射程に入れて、経営戦略を策定し、それを経営環境に適応させる経営組織やその特性などにより、その解釈も相違してくる。ただし、経営戦略の基本となる定義や考え方、およびそれらを策定し、経営環境に適応させるための組織構造そのものは存在している。

　本章では、上述のような背景を念頭に置きつつ、経営戦略の定義から始め、その策定手順や展開方法などについて、解説していくことにする。具体的には、企業戦略（全社戦略）・事業戦略（競争戦略、製品別戦略）・機能別戦略（職能別戦略）、事業ドメイン、イゴール・アンゾフの成長マトリックスおよび多角化戦略、プロダクト・ポートフォリオ・マネジメント（PPM：Product Portfolio Management）理論がある（以降、頭文字をとり PPM と略す）、そして代表的論者による競争戦略について詳述する。

(1) 経営戦略

1）経営戦略の定義

　経営戦略には、さまざまな定義が存在する。一言でいうならば、企業が変化する経営環境に適宜対応したり、積極的に経営環境に働きかけたりすることを考えていくのが経営戦略である。経営戦略とは企業が自社の経営目的を効果的かつ効率的に達成するために必要な大局的で長期的な視野、包括的な視野に基づく構想である。この実現には、経営環境にうまく外部適合し、経営組織もうまく内部統制することが肝要である。その概略を示すと、図1のようになる。

　戦略（strategy）とは、元来は軍事用語であり、戦争に打ち勝つ目標を達成するために、「何をすればよいか」という策を巡らせることである。これに対し、戦略を「いかに」実行するかを戦術（tactics）という。両者を時間軸で区別すれば、戦略は「長期的」であり、日々の戦闘に「短期的」に対処するのが戦術である。両者は空間軸でも区別でき、全体の動向を

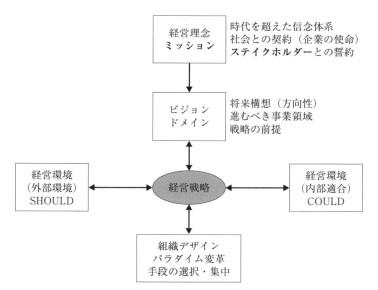

図1　戦略論における適合概念と戦略計画策定の枠組み
出典）井原久光『テキスト経営学――基礎から最新の理論まで――（増補版）』
ミネルヴァ書房、2005年、221頁の図表15-3を一部改変し作成

●ミッション（mission）：企業が、社会および顧客との契約や使命を簡潔に表現したもので、顧客、ニーズ、製品や競争力などと関連させて、自社の進むべきベクトルを規定するものであるが、具体的な事業内容は明示されていない。たとえば、花王の「自然と調和する　こころ豊かな毎日をめざして」、P&Gの「暮らし感じる、変えていく　P&G」などである。

●ステイクホルダー（stakeholder）：組織の目標達成に影響を与え、なおかつ影響を受ける集団であり、利害関係者・集団という。企業であれば、株主、従業員、債権者、金融機関、原材料供給業者、顧客、流通業者（卸売業者・小売業者）や競合企業に加えて、政府、地方自治体、地域社会、マスコミ、公衆や社会活動団体なども包含される。

「大局的」に見定めるのが戦略であり、個々の戦局の変化に「局地的」に対処するのが戦術である。

　戦略は理論的な「計画性」を基本に据えるのに対して、戦術は「技術的」である。戦略は最前線の各部隊から得た情報を本部が縮約し立案をはかるが、戦術は各部隊が実行するもので、地形、天候や戦局など局地的な情報を基本に、適宜対処するため、実戦で体得した経験が必要不可欠である。

　ここで、既存の戦略定義について、国内外の幅広い文献レビューを行った白土（2010）によれば、戦略には、①長期的・総合的な思考や見地、②大局的・理念的な判断指針、③目的達成のための行動シナリオ、④資源・手法の総合化・集中化、⑤戦術の総合システム化（系統的な配置）、⑥効果的・効率的な運営指針、といったキーワードが見いだせるとしている。

　そこで、戦略を「ある目的を達成するための長期的な視野と包括的視点に基づく構想」と定義している。つまり経営戦略は、「企業が自社の経営目的を効果的かつ効率的に達成するために必要な大局的で長期的・計画的な視野、包括的な視点に基づく構想である」と定義することができる。

　そこで、図1をみると、まず外部環境変化に対応して、内部資源をいかに選択して展開するかという経営上の課題が浮かび上がる。つまり、外部環境の内部適合である。次に、長期的・総合的・大局的・理念的なビジョンやドメインに対し、具体的手段をいかに選択して展開するのかという経営上の課題がみえてくる。つまり、目的と手段の適合といえる。外部環境

をみて目標を定めることは「何をすべきか」という方向性であり、内部資源を検討し手段を定めることは「何ができるか」という可能性である。

2）経営戦略の階層

　企業にとって、一般的に、経営戦略という場合、企業戦略（corporate strategy）、事業戦略（business strategy）、機能別戦略（functional strategy）の3つの階層からとらえられている。これら3層の構造は、図2のようになる。

　図2では、2つの軸のうち、いずれの軸に重点を置くかは、企業ごとの状況による。単一事業の企業では、事業別の分野は重視されないだろう。一方、複数の事業が技術や市場に対して高度の異質性を有する際には、財務戦略を除く共通の機能別戦略を考慮することは重視されないかもしれない。複数の事業間に技術や市場に関する高度の共通性がある際には、機能別戦略および事業戦略ともに整合化が不可欠となる。

　① **企業戦略**　全社戦略とも呼称され、事業ドメインの決定や多角化の決定など、全社的なレベルでの戦略をいう。企業戦略においては、自社が大局的・長期的・計画的にいかなる分野で事業活動を行いつつ、企業全体としての成長をはかっていけるか、ということが中心的な課題である。

　② **事業戦略**　競争戦略とも呼称され、企業がもつ個々の事業での経営資源（managerial resources：物的資源の人、モノ、カネ、情報的資源の情報）の最適配分や目標達成に関する戦略をいう。事業戦略では、各業界でいかに

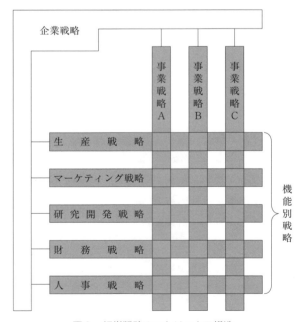

図2　経営戦略のマトリックス構造

出典）石井淳蔵・奥村昭博・加護野忠男・野中郁次郎『経営戦略論（新版）』有斐閣、2002年、12頁の図1-4を一部改変し作成

競争上の優位性を確保できるかが大きな焦点であり、競争戦略と同義に使用されることが多い。なお、一つの事業のみを行う企業は、企業戦略と事業戦略が同一となるが、複数の事業を展開する企業は、製品別に事業が分割されているため、製品別戦略と呼ぶこともできる。

　③　**機能別戦略**　　企業には、さまざまな機能を遂行する仕事のまとまりがある。これは職能別戦略とも呼称され、生産、マーケティング、研究開発、財務や人事などの機能別に経営組織を部門編成し、各々を管理単位として、最大限の責任と権限を付与する戦略をいう。複数事業間に、技術や市場について高い共通性を有する場合は、機能別戦略と事業戦略において整合化をはかる必要がある。

3）企業ドメイン

　企業ドメイン（corporate domain）とは、企業が自社の事業活動を行う領域のことであり、「生存領域」と訳される。企業ドメインの決定は、当該企業のアイデンティティの決定をも意味するため、経営戦略の策定を考慮するうえできわめて重要な課題である。たとえば、任天堂のように、ドメインを1つ（家庭用ゲーム機器の製造・販売）に絞り込む企業もあれば、キヤノンのように複数のドメイン（精密機器工業事業、精密工学事業、マイクロエレクトロニクス事業や電子画像処理事業など）にまたがって事業を展開する企業もある。

　企業ドメインは、**顧客機能**（What：何を）、**代替技術**（How：どのように）、**顧客層**（Who：誰に）という三次元で説明されることがある（図3）。

　家電量販店業界を例にとれば、ビックカメラやノジマはパソコンを店頭販売し、一方でアマゾンやジャパネットたかたは同製品を通信販売している。各社が同じ製品を消費者に提供しているという構図は共通であるが、それぞれの販売経路の違いをもたらしているのは、各社がそれぞれ異なるドメイン、すなわち事業領域を事前に模索・決定したうえでの判断基準に

●**顧客機能**：　企業が顧客に対していかなる機能を提供するか、顧客が有する一定の機能を満たすかということである。つまり、その企業が顧客のいかなるニーズに対応していくかである。たとえば、ポットの場合、提供している機能・対応しているニーズは、沸騰と保温の2つである。

●**代替技術**：　一般に、特定の顧客ニーズを充足する方法（技術）が複数存在する中で、何を採用するかである。ポットの場合、沸騰機能を取り上げれば、電気やガスという方法があり、事業領域の定義では、こうした技術の中で選択が実施される。

●**顧客層**：　一定のニーズを一定の技術で充足する際に、いかなる顧客を対象にそれを実施するかである。たとえば、沸騰というニーズをもつ潜在顧客には、主婦、単身者や業務用利用者などが考えられるが、この中のどの部分を対象顧客とするか、つまりその企業が対応するセグメントを選ぶのである。

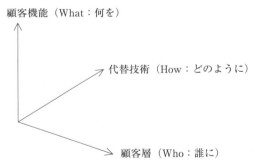

図3　事業領域定義のための三次元

出典）エーベル, D. F. 著、石井淳蔵訳『新訳　事業の定義―戦略計画策定の出発点―』碩学舎、2012年（Abell, D. F., *The Starting Point of Strategic Planning*, Prentice-Hall, 1980）、37頁の図3を一部改変し作成

基づいているといえる。片山（2016）をもとに、企業ドメイン設定の意義をまとめておく。

①事業範囲を明確化し、企業組織のメンバーに意識を集中させられる。

②事業展開を行ううえで、必要な経営資源が明確になり、ムリ・ムダ・ムラを省くメリットがある。

③内外に向けて、自社の存在感が醸成される。

(2) 製品市場戦略

1）アンゾフの成長マトリックス

　経営戦略を考える際の有効な手段の一つに、アンゾフの製品と市場の事業領域分類が知られている。表1は、製品と市場の組合せで、4タイプの戦略が提示されている。具体例は、警備保障会社のALSOKでみていこう（コトラーほか2014）。

　① **市場浸透戦略**　これは、従来の製品と市場のままで、積極的に売上増を目指すものである。そのためには、㋐現在の顧客層が製品を購入する回数および量を増やす、㋑競争相手から顧客を奪う、㋒未購入者を顧客として獲得する、および㋓既存製品の新用途を開発するなどが求められる。現金護衛、常駐警備業務や要人身辺警備などで事業を始めたALSOKは、機械警備やロボット警備の併用などで取引先を拡大した。また、個人宅用のホームセキュリティ開発など警備事業を着実に深耕させている。

　② **製品開発戦略**　これは、現在の市場に従来の製品に加えて、新製品を導入しようとするものである。これにはいくつかのパターンがあるが、全く新規の製品開発をするものや、既存製品に新機能を付加したり、デザインを変更したりするものなどがある。ALSOKは2008年、ホームセキュリティの高機能版である「ホームセキュリティα」を発売し、翌年にカーセキュリティ「GUARD ONE」を発売している。

　③ **市場開発戦略**　これは、既存製品のままで、それを新市場に投入することで、売上増加をはかるものである。現在の地理的市場で新規顧客を開拓するもの、および国内市場に加えて新たに海外市場を開拓するのが

表1　アンゾフの成長マトリックス

市場の種類＼製品の種類	既存製品	新製品
既存市場	①市場浸透（market penetration）戦略 いかに消費量を増やせるか	②製品開発（product development）戦略 新製品で勝負する
新市場	③市場開発（market development）戦略 新たに市場を求める	④多角化（diversification）戦略 （関連型多角化・非関連型多角化）

出典）アンゾフ, H. I. 著、広田寿亮訳『企業戦略論』産業能率短期大学出版部、1969年（Ansoff, H. I., *Corporate Strategy*, McGraw-Hill, 1965）、137頁の表を一部改変し作成

代表例である。前者の例として、ALSOK は高齢者世帯に着目し、高齢者と高齢者の同居しない家族を対象として、「シルバーパック」と「見守り情報配信サービス」の販売を開始した。また、後者の例としては、アジア諸国など、地理的に未進出なエリアへの進出は重要な課題である。

④　多角化戦略　これは、新市場に新製品を販売するものである。この多角化戦略には、既存製品と何らかの関連をもつ多角化（関連型多角化）、および何らつながりのない多角化（非関連型多角化）に分けられる。ALSOK は 2005 年に、**AED** を発売し、2010 年には特定信書便事業「ALSOK 電報」をスタートさせている。多角化戦略では、自社の経営資源の限界を把握すること、およびブランド・イメージから大きく逸脱しないことが肝要である。

2）アンゾフの多角化戦略

アンゾフはのちに、『最新・戦略経営』で、図 4 のように表 1 を発展させて、三次元化した地理的成長ベクトルの次元モデルを提示している。つまり、表 1 で単に「製品」ととらえていた次元を「製品、サービス、技術」として拡張させて、「市場ニーズ」および「市場地域」を設定したものである。

これが提示された背景には、のちの企業のグローバルな戦略展開を踏まえているものと推察される。また、3 つ目の軸としては、技術やブランドなどを使用することも考えられる。

3）PPM 理論

今一つの代表的な製品市場戦略の理論に、PPM がある。これは、GE（ゼネラル・エレクトリック）社が開発したもので、企業戦略の立場から自社の製品群を総合的に見直して、製品群の組合せ方を改善し、経営資源の最適配分を決定する手法である。

PPM は、図 5 のように表され、最も単純明快な方法は、「年平均市場成長率」（費用）と「相対的市場シェア」（その市場における自社製品の割合：収益）を軸として、縦横軸両者に中心線を引いて、4 つのマス目を作成する。その中に、製品や事業（以降、略）を落とし込んで、評価するものである。ちなみに、図 5 は仮説のケースで、円の大きさは販売額に見立てている。

一般的に、会社はある時点において、**製品ライフサイクル**別にみて、

●**AED**（Automated External Defibrillator：自動体外式除細動器）：小型の器械で、体外（裸の胸の上）に貼った電極つきパットから自動的に心臓の状態を判断する。もし心室細動（心臓がプルプル震えていて、血液を全身に送れない状態）を起していれば、強い電流を一瞬流して心臓にショックを与えて（電気ショック）、心臓の状態を正常に戻す機能を備える。操作は自動音声で、誰でもこの器械を使い救命活動が可能である。

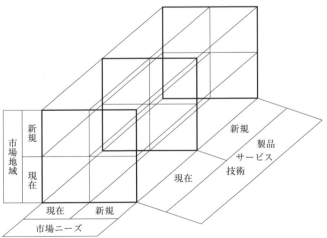

図 4　アンゾフの地理的成長ベクトルの次元
出典）アンゾフ, H. I. 著、中村元一・黒田哲彦訳『最新・戦略経営』産業能率大学、1990 年（Ansoff, H. I., *The New Corporate Strategy*, Wiley, 1988)、149 頁

導入期にある新製品、成長期にある躍進著しい製品、成熟期にある製品、さらに衰退期にある製品がある。各マス目はパナソニックの事例でみていこう（関舎 2012）。

まず、「金のなる木」の製品は、成熟しており、将来的な成長は見込めない。図6では、成長率は低いが大きなシェアを誇るリチウムイオン電池および掃除機が該当し、利益は十分に獲得できているため、「問題児」の製品、つまり薄型テレビ、太陽電池、洗濯機や電子レンジ事業を育てる資金となる。「問題児」の製品は、現時点では赤字で

●製品ライフサイクル（PLC：Product Life Cycle）：多くの場合、動植物の生命同様に、新製品・新事業が創造されると、それは導入期、成長期、成熟期、衰退期というプロセスをたどるといわれている。製品ライフサイクルとは、新製品・新事業の誕生から衰退に至る一連のプロセスのことである。

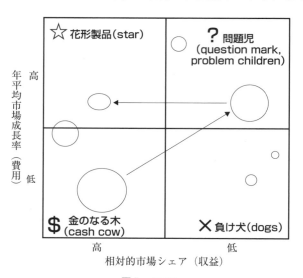

図5　PPM

出典）石井淳蔵・栗木契・嶋口充輝・余田拓郎『ゼミナールマーケティング入門（第2版）』日本経済新聞出版社、2013年、163頁の図5-5に加筆修正し作成

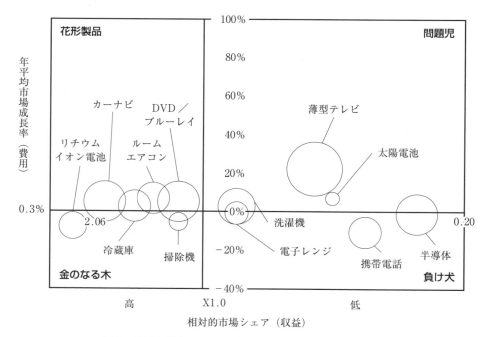

図6　2010年時点におけるパナソニックのPPM（国内市場）

出典）関舎直博「パナソニックの全社戦略」沼上幹・一橋MBA戦略ワークショップ『戦略分析ケースブック』東洋経済新報社、2012年、163頁の図6-2-6に加筆修正し作成

も、将来の成長の兆しがあれば「花形製品」に育成する必要がある。

次に、「花形製品」は、シェアが高いので利益率は高く会社の資金源だが、成長させる投資も必要である。図6では、カーナビ、DVD／ブルーレイ、冷蔵庫やルームエアコンが該当し、モデルチェンジ、**プロモーション活動**による差別化、値下げなど、競争に優位となるような手を打つ必要がある。「花形製品」が成熟化すると「金のなる木」となる。

さらに、「負け犬」は、競争相手が強いために、長期的にみて収益性が高くない製品で、撤退もしくは**市場細分化戦略**をはかって、「金のなる木」へシフトさせられるかどうか検討する。図6では、携帯電話、半導体が該当し、実際に携帯電話事業からは2013年に撤退している。

このポートフォリオは以後、精緻化されて、GE社とマッキンゼー社が共同開発した**PIMS**において、業界魅力度および事業単位を基準に9つのマトリックスが提示されている。

(3) 競争戦略

1) ポーターの競争戦略

マイケル・E・ポーター (Poter, M. E.) は、基本的な競争戦略として、①コストリーダーシップ戦略、②製品差別化戦略、③集中戦略の3つを挙げている（図7）。競争戦略においては、ポジショニングアプローチと呼ばれている（具体例は、コトラーほか〔2014〕に依拠）。

① **コストリーダーシップ戦略** コストリーダーシップ (overall cost leadership) 戦略は、コスト削減可能なあらゆる工夫を試み、競合他社よりもコスト面での競争優位を構築する戦略である。低コストが目的で、尺度が明瞭なため、3つの基本戦略の中で最も明快な戦略といわれている。コスト削減の代表例には、原材料調達コスト、生産コスト、製品開発コスト、流通コストや情報コストなどがある。世界的な半導体企業のテキサス・インスツルメンツや世界最大の小売業者であるウォルマートが、この戦略の先駆的企業である。

ポーターによれば、この戦略で企業が操作可能な手段として、**規模の経済性**、操業度、チャネルとの垂直統合 (vertical integration)、参入時期（先発・後発）や技術投資などを挙げられ、企業の諸活動が包含されるとしている。ある業界で、1企業のみがコストリーダーシップの地位を獲得できる。

② **製品差別化戦略** 製品差別化 (product differentiation) 戦略とは、競合他社と比較し、顧客に自社への魅力を形成してもらい、競争優位を構築する戦略である。差別化手段の代表的なものには、物理的特性（品質、機能や特徴など）、主観的

7　会社の経営戦略について　69

● **プロモーション** (promotion) **活動**： 広義の販売促進における広告活動、人的販売活動、パブリシティ活動や販売促進活動を含むマーケティング戦略の重要な一分野の諸活動のこと。かかる諸活動は、常にマーケティング目標の達成のために相互に補完し合って統合され、最大限の相乗効果を挙げる必要がある。

● **市場細分化** (market segmentation) **戦略**： 市場をいくつかの共通要素を基準に分割することで、マーケット・セグメンテーションともいう。たとえば、年齢層、性別、所得などを基準に市場を細分化し、目標としてどこに狙いを定めるかを明確にし、マーケティング活動の効果を高めること。

● **PIMS** (Profit Impact of Market Strategy)： 会社の長期的収益性に影響を与える全変数を説明しようとした試みで、ピムスともいう。約30の変数を用い、会社の成功要因の67％を説明可能とする。相対的市場シェアが高まると、投資収益率とキャッシュフローの双方が増加、事業間で市場シェアが10ポイント違うと、税引前利益率は平均5ポイント異なる、といったものである。

● **規模の経済性** (economy of scale)： 生産の規模が拡大するにつれて、規模に関しての収穫逓増 (increasing returns of scale) が起こる性質のことをいう。つまり、規模が大きくなるほど、コスト効率が向上することである。

	競争優位	
	他社よりも低コスト	差別化
戦略標的の幅　広い幅	コストリーダーシップ	製品差別化
戦略標的の幅　狭い幅	コスト集中	差別化集中

図7　ポーターによる競争優位の3つの基本戦略

出典) ポーター, M. E.著、土岐坤・中辻萬治・小野寺武夫訳『競争優位の戦略』ダイヤモンド社、1985年 (Poter, M. E., *Competitive Advantage*, Free Press, 1985)、16頁の図表1.3を一部修正し作成

な製品のイメージ、ブランド、**流通チャネル**、さらには付随サービスや保証条件などが考えられる。IBMは情報技術業界で、コマツは建設重機業界において、各々差別化戦略を採用している。

この戦略において、かかる差別化次元の一つもしくは複数で、他社よりも競争優位を構築する必要がある。同一業界において、複数の企業が成功を手中に収めることが可能である。

③ **集中戦略**　集中（focus）戦略とは、市場全体をターゲットとせずに、少数の**市場セグメント**に経営資源を集中させる戦略である。これには、集中によりコスト優位を追求するコスト集中戦略および差別化を追求する差別化集中戦略の2つがある。集中戦略によって、コスト優位と差別化優位の両方が構築される場合もある。自動車のドアミラーなどで採用される小型モーターを生産するマブチモーター、自転車のギアやブレーキで有名なシマノなどが、集中戦略を採用している。

2）コトラーの競争戦略

フィリップ・コトラー（Koler, P.）は、基本的な競争戦略として、①マーケット・リーダーの戦略、②マーケット・チャレンジャーの戦略、③マーケット・フォロワーの戦略、④マーケット・ニッチャーの戦略の4つを挙げている（表2）。

① **マーケット・リーダーの戦略**　マーケット・リーダー（market leader）は、当該市場の**市場シェア**のトップであり、自社の高いシェアを死守することに注力する。つまり、マーケット・リーダーの基本戦略は、市場での総需要の拡大をはかり、リーダーとしての市場シェアを防御・拡大することである。リーダーは、2位以下の競合企業に追随されないよう市場全体をカバーするように努める。

この例としては、自動車業界のトヨタ自動車、清涼飲料業界のコカコーラ、トイレタリー業界の花王、化粧品では資生堂やコンビニエンス・ストア業界のセブン－イレブン・ジャパンなどが該当する。

市場シェアを防御するために、ポジション防御（position defense：優れたブランド力を構築し、ブランドを揺るぎないものにすること）、側面防御（flank

● **流通チャネル**（distribution channel; channel of distribution）：
　流通チャネル（流通経路）には、通常、広義と狭義の2つがある。前者は、特定の商品についての流通フロー（マーケティング・フロー）の経路（つまり、商流経路、物流経路、情報流経路および資金流経路の総体）をいう。他方、後者は、特定の商品についての商流経路をいう。

● **市場セグメント**（market segment）：　市場セグメントとは、何らかの基準（たとえば、年齢層、性別、所得、居住地域、利用経験や利用水準など）を用いて市場全体を分類した際に、類似した反応を示す顧客集団のことであり、部分市場ともいう。

● **市場シェア**（market share）：
　特定の生産者の製品の売上高が、その産業全体の売上高に占める割合のこと。市場占有率、市場占拠率ともいう。これは、企業のマーケティング戦略の目標に設定されることも多く、競争分析での自社の強さ、弱さを明示する一つの尺度となる。

表2　コトラーによるリーダー、チャレンジャー、フォロワー、ニッチャーの戦略

マーケット・リーダーの戦略	マーケット・チャレンジャーの戦略	マーケット・フォロワーの戦略	マーケット・ニッチャーの戦略
総需要の拡大 市場シェアの防御 市場シェアの拡大	徹底した正面攻撃 側面攻撃	すぐあとを追走 もしくは距離をおいて追走	顧客、市場、品質価格、サービス面によるニッチ志向

出典）コトラー, P., アームストロング, G., 恩藏直人『コトラー、アームストロング、恩藏のマーケティング原理』丸善、2014年、73頁

defense：弱い分野を守り、ときに反撃のための侵略拠点ともなる前哨基地を築くこと）などがある（コトラー・ケラー 2008）。

② **マーケット・チャレンジャーの戦略**　マーケット・チャレンジャー（market challenger）は、リーダーの立場を狙う市場の2番手、3番手の企業である。自社の上位および下位企業のシェア奪取を狙うが、同時にそれらの企業からも自社シェアを侵食される可能性もある。自動車業界では日産自動車・ホンダ技研、清涼飲料業界のペプシ、トイレタリー業界のライオンやコンビニエンス・ストア業界のローソンなどが該当する。こうした企業は、市場シェアの増大を考慮し、攻撃対象を決定する必要がある。これには、**正面攻撃、側面攻撃、迂回攻撃**などがある。

③ **マーケット・フォロワーの戦略**　マーケット・フォロワー（market follower）は、競争上の地位が低く、リーダーへの挑戦意欲が希薄で、成功したリーダー企業の戦略や戦術を模倣し、追随する企業である。家電業界の船井電機やかつてのアイワなどが該当する。彼らは、既存顧客を維持しつつ、ある程度の新規顧客を獲得する術を身につける必要がある。リーダーに追随し、報復を招かぬように一定の距離を保つバランスが不可欠である。これには、**カウンターフィター戦略**などがある。

④ **マーケット・ニッチャーの戦略**　競合他社がほとんど関心をもっていないニッチ（すき間）市場に焦点を絞り、そこに経営資源を集中させて、ミニ・リーダーを目指すのがマーケット・ニッチャー（market nicher）の戦略である。自動車業界におけるポルシェ（高級スポーツカー）や氷菓業界のハーゲンダッツ（高級アイスクリーム）などが該当する。ニッチ市場が成長し、魅力的市場になるまでに技術と顧客の信頼を確立できれば、競合他社への最大の防御となる。

3）ランチェスターの競争戦略

フレデリック・ランチェスターは、イギリスの航空機工学のエンジニアで、航空力学に関する法則を応用した企業戦略を考案し、これがランチェスター戦略（Lanchester strategy）と呼ばれている。彼は、第一次世界大戦中、空中戦での戦闘機数と損害量の分析を始めて、のちに地上戦における兵力数と損害量の間に、一定の法則性を発見した。

田岡（1975）によれば、これには2つの法則がある。まず、第一法則（一騎打ちの法則）は、自軍と敵軍が互いに兵力数を把握できる局地戦で、弓矢などでの一騎打ち型の戦闘に用いられる原理である。弱者の戦略ともいう。基本原則として、①局地戦を選択、②接近戦を展開、③一騎打ち型を選択、④兵力分散を避け、⑤敵軍を煙に巻く陽動作戦を選択、という5つが戦略の原理となった。

これに対して、第二法則（集中効果の法則）は敵軍が視野にとらえられな

●**正面攻撃**（frontal attack）：これは相手の弱みではなく、強みを攻撃することである。マーケティング・ミックスの全分野に広がる。つまり、競合他社へ製品、価格、プロモーションや流通の面で、正面攻撃を仕掛けること。勝敗を左右するのは、いずれの強みと持久力が上回っているかに依存する。

●**側面攻撃**（flank attack）：これは相手の強みではなく、弱みや未進出のすき間を攻撃することである。これにより、リーダー企業が採用していない戦略や戦術を用いて、市場に足がかりをつくることも可能である。

●**迂回攻撃**（bypass attack）：これは競合企業を迂回し、より容易な市場を攻めて、自社資源の基盤を拡大することである。関連性のない製品に多角化する、地理的な新市場へ進出する、および新技術を採択し既存製品に取って代わるという3つのアプローチがある。

●**顧客**（customer）：これは購買意思決定を行う人、あるいは組織のことである。顧客は取引の相手方であり、現在取引している相手（既存顧客）のみならず、将来取引する可能性のある相手（潜在顧客）も含める。

●**カウンターフィター**（counterfeiter）**戦略**：カウンターフィターとは、偽造者、模倣者を意味しており、ここでは、リーダー企業の製品や包装などを模倣して、評判のよくないディーラーを通じて販売することである。

●**フレデリック・ランチェスター**（Lanchester, F. W.）：当初、自動車技師でのちに航空機のプロペラの研究者として、「ランチェスター戦略・プラントルの翼揚力の理論」を発表し名を馳せる。同時に、空中戦での戦闘機数と損害量との関係を「ランチェスター法則」として発表した。

い広域戦で、一兵士が大砲や機関銃などで多数を攻撃可能な近代兵器を使用する確率戦に適用される法則である。強者の戦略ともいう。基本原則として、①確率戦を選択、②一騎打ちを回避し、総合戦を展開、③接近戦を回避し、間接的・遠隔的戦闘を展開、④圧倒的兵力数で短期決戦を狙う、⑤敵軍を分散させるための誘導作戦を選択、という5つが戦略の原理となった。

つまり、これら2つの法則はある戦闘において、「兵力の少ない弱者は、必ず敗北する」、「第二法則型の戦闘になるほど、弱者はますます不利になり、逆に強者が有利になる」というものである。

さらに、1：3の法則があり、これは相手の3倍の兵力をもてれば、最小の損害で勝利可能とするものである。

ランチェスター戦略の経営戦略への応用として、次の3つが挙げられる。

① **一点集中化**　これは、地域、製品・サービスや取引先など、細分化された対象へ経営資源を集中投入することである。たとえば、音響機器でスピーカーのみを生産・販売することなどである。

② **目前の競合他社を狙い撃つ**　これは、自社の市場シェアを脅かす足元の競合他社のシェアを奪い取ることである。たとえば、ファーストフード業界におけるマクドナルドの「100円マック」は、同業他社のみならず、「胃袋の争奪戦」として広い意味での競争の事例である。

③ **市場シェアで1位を構築**　細分化された製品と市場において、1つでもよいから地域、製品・サービスや取引先の1位づくりを目指すことである。たとえば、1998年当時のビール業界で、キリンビールは後発ながら、発泡酒市場へ参入し、ほぼ半分の市場シェアを占拠した事例などである。

4）バーニーの競争戦略

競争戦略において、資源ベース・アプローチと呼ばれるもので、ビルガー・ワーナーフェルト（Wernerfelt, B.）が提唱し、ジェイ・バーニー（Barney, J.）が展開したもので、企業に内在する経営資源に競争優位の源泉を見いだす考え方で、リソースベースト・ビュー（resource-based view）とも呼ばれている。

バーニーは、企業が保有する経営戦略を有効に活かす能力（ケイパビリティ）の有無および、企業が保有するべき経営資源の4つの要素を取り上げて、いわゆるVRIO分析を提示している。

① **経済価値に関する問い**　自社の経営資源が市場で、競合他社よりも優れていること。たとえば、ソニーは超小型のエレクトロニクス製品をデザインし、製造・販売することで膨大な経験を有しており、それらを活用することで、つまりポータブルCDプレイヤー、8ミリビデオや二足歩

●**ケイパビリティ**（capability）：事業遂行能力ともいう。企業が卓越した事業業績を達成するために、企業戦略とは別の規定要因として、1980年代から注目されてきた。企業ごとに経営資源の質や事業経験が違うので、同じ経営資源を保有しても、事業を実施する能力などに差異が生じたり、事業業績に差が生じることを説明する。

●**POSシステム**（Point Of Sales system）：販売時点情報管理システムとも呼ばれ、主に小売業者で、個別品目ごとに、販売時点で、いつ、どれだけ、いくらで、どの売り場で売れたかという販売データを発生させ、そのデータを収集・分析することを目的とした情報システムである。

行ロボットなどの多数の市場を創出できたことなどである。

　② **希少性**　自社の経営資源を競合他社が容易に入手できず、希少性があること。たとえば、イトーヨーカ堂は、今では主に小売業者で当たり前のように普及している **POS システム** を店頭に導入し、販売データを分析して、売れ筋・死に筋商品を把握し、**単品管理** という手法を構築したことなどである。

　③ **模倣可能性**　自社の経営資源に対して、競合他社が真似しにくいこと。デヴィッド・リカードの例でいえば、もし「低コストの栄養肥料を施されたやせた土地」と「肥沃な土地」が戦略的に等価であれば、肥沃な土地を所有していても、それが **経済レント** につながるとは限らない。しかし、前者と後者が戦略的に等価でない、つまり肥料が非常に高価であったりしたら、価値のある肥沃な土地を保有することが経済レントの源泉となる。

　④ **組織**　自社の経営資源を有効活用できる経営組織や管理システムが構築されていること。たとえば、②希少性で述べた POS システムを効果的かつ効率的に運用するための POS ターミナルとバックヤードに設置されたストア・コントローラーやチェーン本部のホスト・コンピュータ、および VAN（Value-Added Network：付加価値通信網）や EOS（Electronic Ordering System：電子式補充発注システム）などの管理システムである。

　経営資源の分析では、VRIO 分析により自社の **コア・コンピタンス** を認識し、その評価が必要となる。

●**単品管理**（unit control）：　単品とは、ブランド名、サイズや価格などからみて、明確に一つの単位として識別されるものである。単品管理とは単品ごとに商品を管理することである。つまり、単品ごとに仕入れ、発注や品揃えなどをキメ細かく迅速にすることが、小売業者の売上高や利益に直結する。

●**経済レント**（economic rent）：　土地や希少な能力など、供給量が固定されている財・サービスの供給者に帰属する利益（収入と機会費用との差）である。参入が防御されている際の独占利潤や寡占による超過利潤をさすこともある。本来は、地代と同義。

●**コア・コンピタンス**（core competence）：　経営学者のコインバトール・プラハラード（Prahalad, C.）とゲイリー・ハメル（Hamel, G.）が提示した概念で、企業に備わっている中核的競争能力のことである。顧客に対し、他社が模倣できない自社固有の価値の提供で、自社の経営資源に加えて、その企業が培ってきた知識や経験でもあり、それらは経営環境により変化することが前提となる。

□　好きな企業を1社取り上げて、その企業がどんな経営戦略を採用しているのか考えましょう。
□　最近、流行している製品、サービスや店舗を1つ取り上げて、なぜ成功したのかを考えましょう。
□　コストリーダーシップ戦略、製品差別化戦略、集中戦略を採用しているケースを取り上げ、各企業がいかに優位性を構築しているのか考えましょう。
□　コストリーダーシップ戦略、製品差別化戦略、集中戦略を採用している企業が存在する業界を取り上げて、どの企業が最も業績がよく、またそれはなぜかを考えましょう。
□　企業が所持している経営資源を書き出して、それらを物的資源と情報的資源に分類し、それぞれどのような特徴がみられるかを考えましょう。
□　コア・コンピタンスをもつことができる企業には、いかなる特徴があるのかを考えましょう。
□　比較的長い歴史を有する企業を1社取り上げて、その企業がいかに事業領域を拡大していったのかを考えましょう。
□　非関連型多角化を実行してきた企業を探して、その企業がいかなるシナジー効果を利用してきたのかを考えましょう。
□　好きな企業を1社取り上げて、PPM チャートを描いてみて、企業戦略の構想を策定してみましょう。
□　経営環境（外部環境）、経営戦略、経営組織（内部適合）が相互に適合している企業のケースを調べてみましょう。

Check

コラム 4:   **ニトリの経営戦略**

　ここでは、「お、ねだん以上。」で有名なニトリの経営戦略をみていこう。ホームセンターとも家具・インテリア専門店ともいわれる同社は 1967 年に、現・株式会社ニトリ HD 代表取締役会長兼 CEO の似鳥昭雄氏が札幌市内で「似鳥家具店」を創業したことに始まる。以来 50 年が経過し、30 期連続増収増益の達成、売上高 5720 億 600 万円、経常利益 948 億 6000 万円、正規従業員数 1 万 366 人、店舗数 523 店（海外店舗含）と、大きな成長を遂げている（2018 年 2 月期［連結］）。

　この成長の背景には、「製造小売業」と呼ばれる SPA（Specialty Store Retailer of Private-Label Apparel）というビジネスモデルの採用がある。これは GAP に端を発するが、要点は自社商品の企画開発や原材料調達、製造、品質検査、輸入・物流さらには店舗への販売に際し、各種の生産者や卸売業者などとの関係で、垂直的ネットワークを形成し、それを強め、各店舗の競争力創造を促進する小売業者の形態である。この SPA を採用し、中間流通コストを著しく削減したことが、今日の同社グループの成長の大きな支えとなっている。

　また、品揃え戦略の特徴はベッドリボンやカーテンなどのホーム・ファッション分野での PB（Private Brand）商品開発を強化し、各商圏立地ごとに店舗規模や品揃えの内容を調整し、地域に密着する戦略を採用する。

　さらに、同社グループは、「住まいの豊かさを世界の人々に提供する。」というロマンを実現するための中長期ビジョンである「2022 年 1000 店舗、2032 年 3000 店舗」の達成に向けた経営戦略を策定している。具体的には、2013 年〜 2022 年の 10 か年テーマに「グローバル化と事業領域拡大」を掲げ、そこに至る戦略として、2018 年〜 2020 年は「海外高速出店と成長軌道の確立」、2021 年〜 2022 年は「グローバルチェーン確立に向けた経営基盤再構築」を定めている。

　上記達成に向けた取り組むべき課題としては、①グループ成長軌道の確立と新たな挑戦、②お客様の暮らしを豊かにする商品・店・サービスの提供、③グローバルチェーンを支える組織と仕組み改革、の 3 課題を設定し、全社横断的に課題に取り組むことで、グローバル企業としての経営基盤を確立するとともに、より一層の企業価値の向上に努めている。

（参考資料：ニトリ HD ホームページ NITORI HOLDINDINGS ANNUAL REPORT「DREAM & VISION」www.nitorihd.co.jp 参照。ホームページは、2019 年 1 月 7 日現在）

事例紹介

物流トータルコーディネーター企業にみる経営戦略　成田運輸株式会社

　戦後まもなく、トラックが稀少だった1949年に、運送業として成田運輸株式会社はスタートした。まもなく、創業70年を迎えようとしている。会社は、ゴーイングコンサーンというように永続的な発展が求められるというが、同社も同様に、今後も持続的な繁栄をし、成長を目指している。これまでに、何か特別なヒット商品があったというわけでもなく、急成長をした会社でもない。ただ、堅実さを大切に、そして、常に変化を求め、挑戦をし続けている会社の事例を紹介したい。

会社概要

　成田運輸株式会社は、首都圏内を基盤とした総合物流会社である（会社概要参照）。主な事業は、①一括物流受託事業、②配送管理業務事業、③物流不動産事業、④SCM（サプライチェーン・マネジメント）／物流コンサルティング事業（システム開発含む）である。なお、サプライチェーン・マネジメントとは、供給業者から最終消費者までの業界の流れを統合的に見直し、プロセス全体の効率化と最適化を実現するための経営管理手法のことである。

　現在、一括物流受託事業を行っている営業所は、首都圏内に23か所ある。一括物流受託事業とは、荷主会社の受注発注以降の情報処理、センター（図1）運営、配送管理、納品までの運営・管理を一貫して行う工程によるものであり、実物流会社として、品質が高く、効率的で安定的な物流機能を目指し、「ロジスティクスの価値の創造と創出」を追求している。現在では、荷主にとっての最適な物流拠点・不動産物件や物流業務における省力化や省人化となる機械であるマテハン機器も含めた、庫内レイアウト、システム開発の提案を行っているなど、顧客にとっての最適な物流の提案・実践をするトータルコーディネーター企業である（図2）。

会社概要
会社名　　成田運輸株式会社
創業　　　昭和24年8月26日
代表者　　成田聖一
本社　　　東京都江東区東砂2-14-8
事業内容　物流業務一括受託・輸配送および倉庫業等
資本金　　5000万円
取引先　　大手食品流通上場企業、メーカー上場企業各社、その他
経営理念　プロとしての自覚と誇りを持とう
　　　　　常に感謝の気持ちで相手の立場に立って考え行動しよう
　　　　　信頼される企業と人となろう

図1　舞浜流通センター

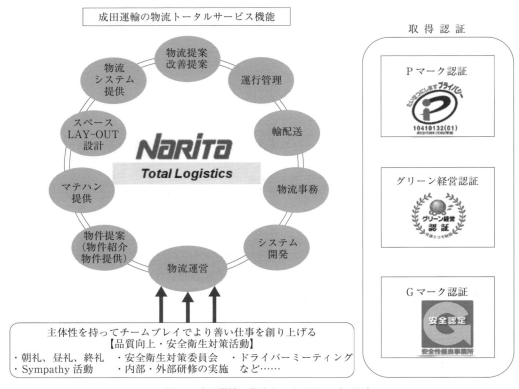

図2　成田運輸の物流トータルサービス紹介

独特の事業展開とその目的

　会社の事業形態には、見込型形態事業と受注型形態事業の2つに分けられるといわれている。見込型形態事業とは、商品（サービス）の数量・価格を自分で決定でき、大儲けができる可能性があるが、常に予測が必要となるリスクの高い事業をさす。もう一方の受注型形態事業とは、商品（サービス）の数量・価格を顧客が決定し、大儲けができない代わりに安定的な事業をさす。

　通常、運輸業は、後者の受注型といわれることが多い。荷主からの注文通りに車両の手配を行い、指示通りに行うことが一般的であり、受身型になりがちな商いと同社は考えている。したがって、その受身型を脱却し、主体性のある能動的な物流会社であることが、結果として、顧客の役に立ち、真の潜在的需要に対し、変化・対応を行い、進化できると確信している。

　現在の主な業務の一括物流受託業務事業を展開する以前の1972年頃、ある顧客（食品メーカー）の物流センターの配送業務を請け負っていた。指示された通りに配送を行い、商品を運ぶ業務である。当時は、顧客の社員が配車組みや庫内運営を行っていた。それらの顧客が行っていた業務の物流請負の提案を行った。配送業務を請け負う中で、指示を受け配送を行うのではなく、全体の配車管理を運送業者である自分たちが行うことで、他の運送業者も取り込み、業務内容全体を通して、よりクオリティの高い効率的な運営ができ、そして、顧客にとっては、コア・コンピタンスに集中でき、企業競争力を高めることができると考えたのである。取り組みが始まった当初は、配送管理の一括請負だったが、段階を重ね、倉庫の運営管理を行うこととなった。このよう

にして、同社の一括物流受託業務事業が始まった。

　その後も、優良顧客との取引を目指し、新たなビジネスづくりの展開を続け、一括物流受託業務事業を行う拠点数を10、20と増やしてきている。同社では、一括物流受託業務事業では、とくにチームワークの大切さを掲げている。

　拠点数を増やす中で、各センター完結で業務を行うのではなく、センター間での連携を積極的に行っている。一つのセンターでの物量が通常平均より増える際には、人員や車両を他のセンターより求め、反対に閑散期には、忙しい営業所へ業務を熟知した従業員が応援にあたるなど、物量の波動に沿ってコントロールを行い、一つのセンターで発生する繁閑の波動を複数センターで補完し合うことにより同時不可分性への対応を行っている。これにより、効率よく、適正な人員・車両の配置を日々行うことができる。同時にセンター内の品質を高める活動も相互に情報交換を行いながら取り組みを行っている。物流業務は顧客の求めている時期（時間）に作業の手配や配送車両の手配を行わなければならない。有形財であれば売れ残ったとしても翌日に販売したり、販売価格を下げて売り切ることもできるが、物流業務自体は、閑散期に在庫しておき、繁忙期も販売するということが行えない。こうしたサービスを提供する側と提供される側が同時に存在しなければならない、生産と消費が同時になされ、切り離せないという性質のことを同時不可分性という。

　また、自社に限らず、協力会社との連携も強固にし、より迅速で活力ある合理的なセンター運営を行っている。連携を強固にするためには、協力会社もよりいきいきと取り組みができるよう仕事の中での課題や滞りを解決してきている。

　同社では、荷主のセンター運営だけでなく、流通の中で拠点、不動産物件の提案、賃貸を行い、倉庫内の冷凍設備やマテハン機器、庫内レイアウト、システム開発の導入等も取り組んでいる。物流に関する管理運営の枠を超え、荷主企業のロジスティクスの視点に立ち、その流通の全体最適を考え、実物流会社ならではの最適な提案を行う。そのためには、自社のノウハウだけでなく、他の会社と連携し、より価値の高い提案をつくりあげていく必要がある。また、一つの物流センターの中にいくつかの荷主企業を誘致し、センター設計を実働部隊である同社が行うことにより、品質の高い効率的なセンター運営を行うことができると想定している。

　昨今、労働人口の減少やEC市場の拡大を背景に、物流人財はますます不足するといわれている。今まで以上に物流拠点や物流会社の選定次第で大きくコストが変動するものと考えられる。同社は、荷主企業がより会社価値を高められるように、物流機能の深耕と進化を続け、新しいことへのチャレンジを繰り返し、次世代ロジスティクスを実現させることへの追求を続けていくのである。

強い組織づくり・じんざい育成について

　持続的に成長できる会社であるためには、イノベーションが必要であると同時に、それらを担う人財の確保や育成、組織が一体となっているものだ。会社の成長を願い、実現させようとするメンバーを増やし、その力を結集し、仕事を通じそれぞれが成長することが必要である。同社には、それぞれの個性を尊重し合い、長所を活かすよい会社文化がある。その文化を大切にし、互いに協力、補完し合いながらも各自が考えているよいことを活かせる場づくりを設けている。そ

して、自律したメンバーとともに、必ずイノベーションを実行できる力になると信じている。その力を結集させ、成田運輸株式会社のあるべき姿の方向性につなげていく。これにより、顧客や関連する取引先に対して、より満足度の高い仕事を提供できるのである。

こうした考えを反映した取り組みとして、同社の「強い組織づくり・じんざい育成」について紹介したい。まず、同社では、「じんざい」を「材料」の「材」でもなく、「財産」の「財」でも表さず、人には無限の可能性が秘めていると考え、漢字の意味にとどめずにひらがなで表現するといった、独自のポリシーをもっている。

物流業界は、一般的に労働集約型産業といわれている。同社では各営業所で30名から100名程度が、日々稼働している。心を合わせた仕事、チームワークが重要となる。また、それぞれが成長することが、より質の高い仕事ができるようになるのである。

一年に一度、役職者全員が出席し、「新年研修会」を実施している（図3）。この会は、創業まもなくから継続して行っているものであり、経営方針の発表を行うだけでなく、各営業所の目標や、個人ごとの目標と昨年度の振り返りを発表していく。出席者全員が参加型で運営し、目標に向かっての意志の統一をする。毎年、コーポレートスローガンを掲げ、共通認識を高めるようにしている。なお、2018年度であれば、「変革を生み出す」をテーマとしている。

図3　新年研修会での挨拶唱和

図4　安全衛生対策委員会

また、同社では、「全員参加運営」を掲げ、社員・パート・協力先、誰もが積極的に意見を発言できるように、定期的なミーティングを実施している。一緒に仕事をしているという意識を高め、協調・協力し合い、創意工夫をし、仕事の成果につなげていくのである。

さらに、共通の価値観をもち、スピーディーに同社らしさを従業員で共有できるよう、表1のように役職者別の「社員心得」というものを作成し、活用している。そのほかに1年間の目標設定や振り返りの際に、社員心得をベースにしている。

そのほか、さまざまな形式でのミーティングを行っている。たとえば、安全衛生対策委員会の設置などが代表例であり（図4）、安全衛生や5S（整理・整頓・清掃・清潔・習慣の頭文字をとったもの）に関するディスカッ

表1　社員心得（社員箇所を一部抜粋）

区分	ベース	NO	心得	備考
社員（一般）	マナー向上心	1	明るく元気な挨拶、声がけをすること。	能動的
		2	相手に不快をあたえない丁寧な言葉遣い、身だしなみであること。	対人
		3	相手を尊重し、素直であること。	業務遂行
		4	上司や周囲への報告・連絡・相談を行い、時間や期日を守ること。	業務の基本
		5	チームとしての一体感を持ち、積極的に業務を遂行すること。	向上心

ションを行い、一人ひとりの安全に対する意識を高め、徹底をはかっている。参加するメンバーも、役職者に限らず、各営業所から積極的に出席している。

　また、「Sympathyサークル活動」という小集団活動を行っている。これは、限られたメンバーでのサークル活動を通じて、きずなを深めることにより、その周辺のメンバーにも影響をもたらし、共感が響き合い、輪が広がることの願いに基づくものである。その場合に、現在の業務の改善点を洗い出し、改善に向けて目標設定を行い、チームで取り組むこととなる。同時に日常生活での生活習慣に関する目標を個人ごとに掲げ、実践し、日々の業務改善だけでなく、自己の改善に取り組むことへもつながっているのである。さらに、同社では、人格能力を高めることで、職務能力が高まると考えている。双方で行うことにより、業務レベルの向上だけでなく、チームワークの強化とメンバーの自律性を高めることにつながっており、結束力も高まることとなるのである。

　そのほかにも、さまざまなミーティングを行っているが、一方通行ではない、自由闊達な議論ができるよう心がけている。また、縦だけのつながりにならず、本部・営業所の枠を超え、縦横のネットワークをつくる場につなげている。

　こうした取り組みのほかにも、資格取得や社内外の研修も積極的に推進しており、社内では、オペレーション研修や物流勉強会、接遇マナー研修会、社外では、物流関係の研修に限らず、さまざまな研修会にも参加する機会を設けている。これは広い範囲の知識や社外とのネットワーク構築のためでもあり、会社の成長とともに、一人ひとりがいきいきと活躍でき成長できる場づくりを行っている。

　あるいは、レクリエーションの一つで、従業員家族パーティーも定期的に開催しており、同社

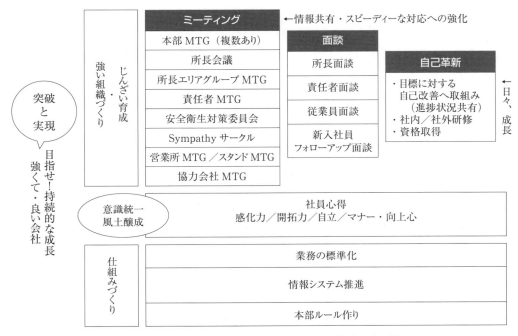

図5　強い組織づくり・じんざい育成に関する体系図（一部）

の理念の中に家族や職場の仲間を大切に、感謝の気持ちをもって、日々行動することと連動している。その目的は、従業員とその家族に感謝の気持ちを伝えることにあり、普段、職場ではみられない従業員の家族としての顔をみることができたり、家族と挨拶ができること、子供同士が仲よく遊んだりと、日常と違った一日をすごすことができるのはとても有意義なことである。

　このような、「強い組織づくり・じんざい育成」への取り組みは、一朝一夕でできるものではなく、状況に応じて変化させながらも、継続して、決めたことをやり続けることが重要である（図5）。そして、ただ形式的に行うのではなく、それぞれの成長を願い、一人ひとりがいきいきと活躍できる環境づくりに取り組む。これらが、必ず、顧客へより高い満足を提供しうる仕事をつくりあげることができるのである。

未来への展望

　これからの世の中は、人生100年時代ともいわれ、今までの価値観から変化することもあるだろう。したがって、じんざい育成に関する同社の考え方もより広く深く、変化させていくことが必要である。また、IoTによる物流現場のみえる化、AIやロボティクスというテクノロジーを活用し駆使することも重要である。そして、顧客へよいサービスを提供し、よい仕事をつくりあげるチームを目指し、物流という仕事を通じて、社会貢献をしていくことが必要だろう。同時に、労働集約型産業といわれる物流からの転換も、同社ならではのやり方で推進し、物流業界のステップアップへの寄与が期待されることとなる。

　現在、成田運輸株式会社は、変革の時期に差し掛かっており、一括物流受託業務事業の枠を超え、領域を超え広がり始めている。業界を超え、組合せを行いながら、流通の全体最適を考え、顧客への最適な物流の提案・実践をするトータルコーディネーター企業として、さらなる進化を続けられることが展望される。

　最後に、人の命には限りがあるが、会社は火の鳥のように永続的に存続することができる。世の中に必要とされ、社会貢献のできる事業を仲間とともに、常に考え創造していくこと、会社の変革とともに自らも進化していくことにより、会社も自分自身も成長していく。そして、思いを込め、次へのバトンを渡すことにより、今の事業からさらに発展させ、続いていくのだ。会社というのは、さまざまな人の思いが重なり何かを実現していく、そして、一人ではできない何かを成し遂げることができるのである。会社の営みには、何ともいえないロマンがあるのだ。

参考文献

圓川隆夫編著『戦略的SCM』日科技連出版社、2015年
諏訪良武『顧客はサービスを買っている』ダイヤモンド社、2009年
牟田学『社長業』産業能率大学出版部、1999年
「最強の組織」『Harvard Business Review』2014年6月、ダイヤモンド社
成田運輸株式会社　http://www.narita-unyu.co.jp/　2018年11月25日閲覧

8 会社とお金の関係

　会社の活動は、お金の遣り繰りと常時向き合いながら成り立っており、組織内にはそれを扱う専門の部署が設置されている。私たちは、それらの役割について理解を深めながら、具体的な活動資金の調達ルートやその方法、さらには、お金の使い方に該当する経費について学ぶ必要がある。また、調達したお金を経費として活用した成果が利益ということとなるが、少なくとも、会社はその活動を通じながら税金を納めることが義務づけられている。したがって、会社が納付すべき代表的な税金についての知識も深めるべきだろう。

(1) 会社とお金

1）会社とお金の関係性

　会社の目的は営利の獲得に置かれており、それを通じた活動が従業員への給料の支払いや、設備投資、そして何よりも会社の成長へとつながっている。そうした活動の源泉の一つに、経営資源の中に含まれるカネが該当する。ここでいうところのカネとは、現金だけでなく、有価証券、各種債券などの金銭的価値を有したものも含んでいるが、これらを血液としてうまく活用しながら、会社は存続してゆくのである。したがって、会社とお金の関係性を多角的に、なおかつ一連の流れを通じながら理解しておかなければならない。その場合に、前提としてはっきりしていることは、まず、会社はカネの管理を業務とした部門、たとえば、会計・経理・財務など専門の部門を設置し、会社の運営を行っているということである。簿記や会計に関する資格取得者など、専門性の高い担当者がこれらの部門に配置され、あるいは会計士や税理士の助力を得ていることからも、会社の屋台骨を支える重要な業務として把握されていることがわかる。

　また、会社はその活動においてお金を多方面より集め、図1にみられるように、多岐にわたる使い方を通じながら営利の獲得を目指しているといった点も大切である。その場合に、さまざまな資金調達の手段についても理解が必要となってくる。それらの活動を通じた結果として、会社は社会に対する還元を、税金の納付という形で義務づけられている。したがって、会社が対応すべき税金の種類について理解を寄せることはもとより、非課税の部分と関係性の深い必要経費といった考え方についても学習しておく必要がある。こうした一連の流れが、

図1　会社の活動におけるさまざまな費用

会社とお金の関係に基づいた活動ということとなるが、その営利獲得における活動の成果や、会社自体の金銭的な価値を数値的な指標としてまとめ、資料化する作業も会社には求められており、財務諸表として総称される**貸借対照表、損益計算書、キャッシュフロー計算書**などがよく知られるところである。これら各種レポートは、わかりやすくいえば、会社の活動に関する成績書といった理解となる。

２）お金の管理を担当する業務

　会社におけるお金に関わる業務としては、一般的に①会計、②経理、③財務が知られる。①会計とは、日々の売上や、仕入れの記録を行いながら、会社におけるお金の出入りを記録し、資金管理を全般的に行う部門であり、その内訳はさらに、管理会計と財務会計とに分かれている。前者は、会社組織のトップ層に会社の財務状況を提供することを目的としたものであり、事業活動を数値化したものを資料として作成する任務である。この資料は基本的には公開されることはなく、内部資料として活用されながら、事業計画書や中期経営計画書の策定へと活用されることとなる。後者は、財務諸表の作成などを通じて、財務状況を外部へと公開することを目的とした任務である。

　続いて、②経理とは、基本的には、①会計業務の一部であり、日常的なお金の流れの管理に含まれる、伝票の作成、帳簿への記帳、請求書の作成や実際の支払い、税金の申告や支払いを実務として行う任務であり、場合によっては、①の会計の内容を担うこともある。会社によって、会計と経理を担当として分けているところもあれば、会計担当、あるいは経理担当として統一させているところもあることから、業務として明確な区別はつけにくいものの、主として、①会計の中に②経理が業務として含まれている、といった理解が一般的である。

　最後の③財務とは、予算の管理を全般的に行うのとともに、①会計や②経理の作成による資料や組織のトップ層の方針や判断などを参考としながら、具体的な資金計画を立て、資金の遣り繰りを行うといった、いわば、資金調達を主とした業務である。その場合に、融資を受けるために銀行などの金融機関との交渉や、株式の発行や社債の発行、あるいは会社財産の投資による運用などを通じた資金調達が行われる。

　以上の①〜③といった業務は、会社によっては混同させながら、部門化をはかっていたりするものの、会社の資金調達やその運用、そして活動の根拠となる数値的な把握を任されているといった点において、不可欠なものである。

●**貸借対照表**： Balance Sheet（略称：B/S）とも呼ばれるものであり、資金調達とその運用の状況を数値として整理した一覧表をさす。その内容は、資産・負債・純資産により構成され、会社の財務状況を把握することができる。

●**損益計算書**： Profit & Loss Statement（略称：P/L）とも呼ばれるものであり、会社の一定の会計期間における経営上の成績を数値的にまとめたものである。収益・費用・利益あるいは損失の整理に基づいており、主に収益性の分析に活用されている。

●**キャッシュフロー計算書**： Cash Flow Statement（略称：C/F）とも呼ばれる。現金あるいは現金同等の価値を有するものをキャッシュと呼び、会社がそれをどのくらい保有しているのか、あるいは一定の会計期間内にそれがどのように移動しているのかという点が示される。

(2) お金に関する具体的な活動

1）資金調達

　会社がその活動を行う場合には、人件費の支払いや、原材料費の購入、さらには設備の整備など、さまざまなことにお金が必要とされる。これらの会社の活動を維持するためのお金をさして、経営資金、または経営資本と呼称するが、その内訳は図2のように自己資本と他人資本とに大別される。前者は会社内の剰余金である内部留保と株主の出資金など、返済義務のないものであり、後者は社債や金融機関や取引先などの外部からの借入金など外部から調達したものであり、負債に相当するものである。ここでは、前者に含まれる①内部留保、②株式の発行、後者における③社債の発行、④借入金といった代表的な資本調達の方法を紹介しておきたい。

```
┌ 自己資本
│   ① 内部留保
│   ② 株式の発行
└ 他人資本
    ③ 社債の発行
    ④ 借入金
```

図2　資本調達の代表例

　①　**内部留保による資本調達**　会社がその活動を通じて獲得した利益を留保した部分をさす。この留保とは、純利益全体から税金、配当金や**役員賞与**などの外部への流出分を除いた部分であり、利益準備金・任意積立金などともいう。この内部留保の利点としては、借入金とは異なり、利子負担や返還義務がないため、債務化されない点、会社内部に確保してある部分のため、銀行など外部からの影響下にはない点、借金のみに依存した経営体質ではないという事実を証明する材料となり、結果として社会的な信用度の増大により外部資金の調達をスムーズに進めやすくする点が挙げられる。一方で、内部留保は純利益を基準としているため、おのずとその額には限界があるといったデメリットもある。会社にとっての利益は積年の活動により漸進的に蓄積されてゆくことから、膨大な出費が求められることとなれば、それだけに頼るわけにはいかなくなるのである。なお、内部留保を高めるために、株主に対する配当金の圧縮を優先する方針がとられたり、従業員の給与増加へと還元されていない点が批判対象ともなっている。

　②　**株式の発行による資本調達**　会社の資本調達における最も代表的な手段であり、具体的には株式を発行してそれを株式市場で売却し、個人から集めたその代金を経営活動上の資本へと充当させる方法である。なお、株式の購入者である出資者は株主のポジションを得ることにより、株主総会への出席や、議決権の獲得が認められることとなる。この方法による資本調達のメリットとしては、返済期限や**償還期限**が原則としてない点、流動性が高い株式市場を通じての売買が可能である点が挙げられ、これらによりかなりの額の資金調達が可能となるのである。ただし、会社によっては、利益から捻出される配当金を株主に対して支払わなければならないことから、その他の投資に回す資本が減額されてしまう点や、株式がある特

●役員賞与：　役員に支払われる報酬を意味する役員報酬の中でも、原則的に臨時のものとして支給される給与をさす。その場合に、退職給与は該当しない。特徴として、この役員賞与には所得税や住民税などの課税対象となる点が指摘される。

●償還期限：　国債などの債券が満期を迎える日のことを意味し、償還日、償還期日、満期日などとも呼ばれる。一般的にこの期限は固定化されているケースが多い。なお、債券の発行日からこの償還期限までの間を償還期間と呼ぶ。

定の株主に独占的に取得されてしまうと、持株比率に応じて経営権そのものを取得されてしまう危険性がある、といったデメリットもある。

③　**社債の発行による資本調達**　会社が発行した債券を市場で売却することによる調達方法であり、購入者に相当する一般から会社が借金をするといった構図として成り立つものである。借用金額、返済日、金利を明示した状態での取引となるため、債券を購入した債権者は、会社からの金利の支払いや、償還期限に基づく**元本**の返済が保証されることとなる。会社側のメリットとしては、安全性の面から株式資本より調達しやすい点や、債券者の経営参加が権利として認められていない点などが挙げられるが、一方で発行制限があるなど、資本調達の規模において難がある。

④　**借入金による資本調達**　融資先である各種の金融機関からの借入による調達方法であり、貸付金額、金利、期限、返済方法、担保物件などを記した借用証書を取り交わしたうえで融資を受ける証書貸付が中心的である。融資先、たとえば銀行側との交渉を通じての調達となるため、会社の規模や将来性に見合った資本調達が可能となる点がメリットであるが、会社が提示する条件によっては、融資を受けることが容易ではない点、また、借入が可能となったとしても、その後の返済義務の発生する点、**抵当権**が設定されていることから、会社の業績によっては、担保となっている土地や建物を手放さなければならないケースも出てくる、といったデメリットがある。

　以上の①〜④を代表例とするこれらさまざまな手段を通じながら、会社は資金を調達し、それを活用しながら、営利の獲得を目指し、さらには、継続性をともなった成長を試みているのである。

２）会社にとっての必要経費とは

　調達した資金は、さまざまな用途に応じながら活動費用として使われていくこととなる。そうした費用の中でも、会社が利益を生み出すためにかける費用のことを経費と呼び、その使い道としては、多彩な項目化がなされている。こうした整理を前提としながら、会社の経営において重要となってくる要素は、「農業、漁業、製造業、卸売業、小売業、サービス業その他の事業で政令で定めるものから生ずる所得」（所得税法第27条）を意味する事業所得と関連する、「これらの所得の総収入金額に係る売上原価その他当該総収入金額を得るため直接に要した費用の額及びその年における販売費、一般管理費その他これらの所得を生ずべき業務について生じた費用の額」（同法第37条）と定義づけられた「必要経費」といった考え方であり、その具体的な内訳は表1のように整理される。会社がその事業を通じて生み出す利益は、光熱費や通信費、あるいは家賃などさまざまな経費を使いながらもたらされるものである。したがって、収入全般に対する課

●**元本**：　利息などの収益を発生させる大元としての財産をさし、金銭の貸借において利子を生じさせる貸付金や、配当金などの収益を生じさせる株券や債券、あるいは各種権利、さらには預金なども含む。

●**抵当権**：　借金をする場合に、借りた人である債務者による返済が不可能となる場合を想定して、土地や建物といった不動産などを担保とする権利をさす。貸す側である債権者はこの権利を活用することができる。

表1　一般的な必要経費の一覧（抄）

項　　目	具　　体　　例
給料賃金	給料、賃金、退職金、食事や被服などの現物給与
外注工費	修理加工などで外部に注文して支払った場合の加工費など
減価償却費	建物、機械、船舶、車両、器具備品などの償却費
地代家賃	店舗、工場、倉庫等の敷地の地代やそれらを借りている場合の家賃など
利子割引料	事業用資金の借入金の利子や受取手形の割引料など
荷造運賃	販売商品の包装材料費、荷造りのための費用、運賃
水道光熱費	水道料、電気代、ガス代、プロパンガスや灯油などの購入費
旅費交通費	電車賃、バス代、タクシー料、宿泊代
通信費	電話料、切手代、電報料
広告宣伝費	①新聞、雑誌、ラジオ、テレビなどの広告費用、チラシ、折り込み広告の費用 ②広告用名入りライター、カレンダー、手ぬぐいなどの費用 ③ショーウインドーの陳列装飾のための費用
接待交際費	①取引先などを接待する茶菓飲食代 ②取引先などを旅行、観劇などに招待する費用 ③取引先などに対する中元、歳暮の費用
修繕費	店舗、自動車、機械、器具備品などの修理代
消耗品費	①帳簿、文房具、用紙、包装紙、ガソリンなどの消耗品購入費 ②使用可能期間が1年未満か取得価額が10万円未満の什器備品の購入費
福利厚生費	①従業員の慰安、医療、衛生、保険などのために事業主が支出した費用 ②事業主が負担すべき従業員の健康保険、厚生年金、雇用保険などの保険料や掛金

出典）国税庁『帳簿の記帳のしかた―事業所得者用―』より作成

税は行わず、収入金額から必要経費分を差し引いた残額を利益とみなし、それに対する課税を行うことが定められているのである。つまりは、この必要経費分の多少が、納めるべき税金の額を左右することとなるのである。こうしたルールが大前提である以上、必要経費とみなせる経費は何か、逆にみなせない出費とは何か、といった判断を会社側は常に求められることとなるのである。たとえば、以下〈1〉・〈2〉の平易な例示は一定の判断基準を表しており、必要経費の万能的な側面を示唆しているが、基本的には収入を得るための活動に使用した費用という理解が適切である。

〈1〉必要経費とみなすことができる
例）部品の加工を1万円でA社に依頼したものを商品として販売して10万円の収入があった場合。
→A社への支払い1万円分を外注工費（必要経費）とみなすことができる。
10万円（収入）−1万円（必要経費）＝9万円（利益）
※課税対象額は9万円

〈2〉必要経費とみなすことができる
例）往復2万円の飛行機代を使用してA社を訪問し、その結果

> 商談が成立し、10万円の収入があった場合。
> →飛行機代金2万円分を旅費交通費（必要経費）とみなすことができる。
> 10万円（収入）−2万円（必要経費）＝8万円（利益）
> 　※課税対象額は8万円

3）会社と税金

　会社は個人と同様に税金を納めており、その種類としては、国税と地方税の2つに大別される。さらにその内訳は、利益に対するもの、土地など所有する財産に対するものなどさらに多様である。とりわけ、代表的な税金①〜④を紹介しておきたい。

　①　**法人税**　会社を含む法人の活動から得られる利益に対して課される税金を法人税と総称し、国に治める法人税、都道府県に治める法人事業税、都道府県や市町村へ納める法人住民税、の3種が代表的である。それぞれ税額の算出方法が異なるが、会社は作成した**決算書**に基づきながらさらに申告書を作成し、それの提出により確定した税金を納める必要がある。したがって、法人税として総称される税金は、国・都道府県・市町村の3つのエリアへと納付の手続きがとられることとなる。なお、国に納める法人税の税率は低下傾向にある。

　②　**固定資産税**　会社が土地やビルなどの建物、あるいは機械設備などの固定資産を所有している場合には、地方税として税金が課せられる。固定資産税は**固定資産評価基準**に基づきながら算出され、土地、家屋、機械のような償却資産は、それぞれ独自の計算方法により評価額が決定されることとなる。したがって、地価が高い場所に固定資産を所有する場合には、デメリットとなる点もある。

　③　**印紙税**　会社が取引を行う場合に、不動産売買契約書、賃貸契約書、手形、株券などの証書が課税対象となる。したがって、購入した印紙をそれら証書に貼りつけて消印することで、税金が国に治められることとなる。会社は契約書を取り交わしながらの事業展開を基本としているため、その機会が多ければ多いほど、あるいは、その契約の金額的な規模が大きければ大きいほど印紙税を支払わなければならず、節税対策がとりにくい側面もある。

　④　**登録免許税**　登録免許税は、登記、登録、特許、免許、許可、認可、認定、指定および技能証明について課せられる国税であり、登録免許税法により規定されているものである。具体的には、会社設立の登記や、著作権の登録、建築業の免許などを挙げることができる。会社の場合は設立時に、会社の登記が必要とされ、その申請のために登録免許税を納めな

●**決算書**：　一定の会計期間における財務状況や経営活動の成績を整理した書類であり、正確には財務諸表全般をさす。この決算書は会社側にとっての分析資料となるのみならず、出資者や金融機関などからの評価基準、あるいは社会全体からの評価対象となる重要な情報である。

●**固定資産評価基準**：　地方税法の規定により総務大臣の定めによる「固定資産の評価の基準並びに評価の実施の方法及び手続」をさし、土地や家屋などに対する評価の基準や評価の実施方法および手続きを定めたもの。この基準により算出された評価額は固定資産課税台帳へと登録されることとなる。

ければならず、また、オフィスや工場の確保にともなう土地や建物といった不動産を入手した場合にも登記を踏まえるため、同様の納税が必要とされることとなる。このように、利益に対する課税とは別に、会社の資産、あるいは権利の移動にともなう機会に対して納税義務が発生する点を強調すべきであろう。

☐ 会社の活動におけるさまざまな費用についてその特徴を整理しましょう。
☐ 会社におけるお金を管理する部署それぞれの役割を述べましょう。
☐ 財務諸表の内容について整理しましょう。
☐ 財務諸表を作成する意義を述べましょう。
☐ 資金調達方法にはどのようなやり方があるのかを述べましょう。
☐ 株式の発行による資本調達の意義について指摘しましょう。
☐ 社債の発行における注意点について述べよ。
☐ 必要経費の内容について整理しましょう。
☐ 必要経費に該当するものと、そうでないものについて具体例を挙げながら指摘しましょう。
☐ 会社が納めなければならない税金の種類について述べましょう。

Check

9　会社と情報

　現在、人々の日々の生活は、インターネットなくして成り立たない時代であり、そうした時代背景のもとで、会社は成長を目指しながら活動を行っている。この革命的ともいえるインターネット技術が私たちにもたらしたものとは、情報提供における迅速性や広範性、あるいは、情報を際限なく蓄積しうる機能性、老若男女や国籍を問わず簡易に情報を扱える利便性などが挙げられるが、少なくとも、情報そのものに価値があり、それを簡易に結節する技術といった理解が適切である。この指摘は、情報社会と称される現在の社会を的確に言い表しているものであるが、そうした世の中のありかたを前提として、会社はどのような取り組みを行っているのだろうか。そのような課題を念頭に置きながら、私たちは、会社と情報との関係性について理解を進めなければならない。

(1) 会社と情報の関係性

1) インターネットの普及とICT化

　現在進行形として、会社と情報の関係性を知る前に、情報社会やインターネットの普及について概説的に紹介しておくべきであろう。20世紀後半におけるコンピュータ技術やそれに伴う通信技術の開発や発達は、情報の収集や処理を簡便にし、伝達における機能性を高度なものとした。それは、さまざまな情報が人々の生活の中に身近なものとして常置される社会を出現させ、より価値のある情報を求めながら、それを実生活へと応用させてゆくライフスタイルが常識化されることとなった。これこそが情報社会の姿であり、IT（Information Technology）社会という呼称が定着している。また、近年よく聞かれるICT化といった同義的な表現に顕著なように、情報通信技術をさらに人々の生活へ応用させてゆく方針が国策として推進されていることから、この現在形は将来のさらなる展開を期待されているものでもある。

　このような社会を創造させた技術とは、インターネットであり、通信回線を介しながら、コンピュータなど情報機器の相互接続により構築化された全世界的な規模のネットワークのことをさす。その活用として、ウェブの閲覧や、電子メール、情報検索システム、映像や音楽の配信、リアルタイム映像による交信、情報の共有化、あるいは、オンラインショッピングに代表されるeコマースといったビジネスモデル、などがおなじみのもの

● ICT：Information and Communication Technologyの略語であり、情報通信技術を意味する用語。従来から使用されてきたITよりも情報通信技術を活用したコミュニケーションの創生といった双方向性が含意されている。一般的には、インターネットの活用を前提とした各種サービスやそれにともなう産業全般をさすケースが多い。

● eコマース：Electronic Commerce（略称：EC）の和製英語表記であり、電子商取引を意味する。インターネットを通じて行われる各種取引や決済をさしているが、インターネットショッピングが代表的である。なお、取引の関係性により、B to B（企業間取引）、B to C（企業・消費者間取引）、C to C（消費者間取引）といった分類も定着している。

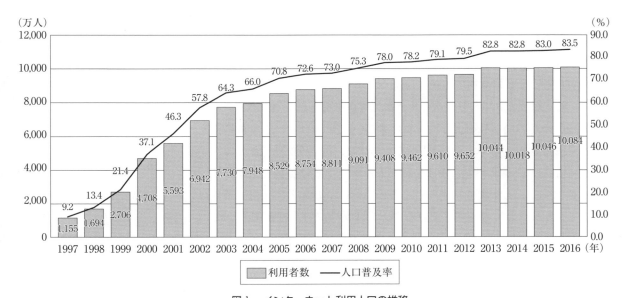

図1 インターネット利用人口の推移
出典）総務省「インターネットの利用者数及び人口普及率の推移」『情報通信白書 平成29年版』より作成

となった。こうしたライフスタイルは、1990年代以降に展開されたインターネットの商用化を基調としており、高機能で低価格なPCの提供、各種プロバイダ間の競争によるインターネット接続サービスの浸透、国策としての通信網の整備などの展開により、図1が示唆するように1億人を超える人々の実生活へと定着し、インターネット環境の展開を表す**ブロードバンド**の整備状況は、**OECD**加盟諸国中で最高水準であるのがわが国の現在である。

　こうした動向は、ビジネスチャンスを模索する機会を多種多様な会社に提供することとなり、情報社会、インターネット、ITあるいはICT化といったキーワードに関連する商品やサービスを開発しながらの活動が顕著となった。そうしたトレンドは、ICT産業の実質国内生産額が約98兆円であり、全産業の10.6％を占めるまでに成長したとされる2015年段階のデータが証明しているといえよう。また、それ以外の産業においても、顧客データの収集や管理、あるいは設備の管理や組織管理などにICTが率先的に活用されるなど、会社の活動にとって不可欠な基盤となっている。これらすべての会社にとって、インターネットを通じた情報とどのように向き合うのかという課題への対応こそが将来的な成長への道標となっており、具体的には、情報をどのように活用するか、情報をどのように収集するか、情報をどのように分析するか、情報にどのような付加価値を与えることができるか、といった思考的な、あるいは技術的な模索を通じながらの活動がすべての業種における共通認識であるといえる。

●ブロードバンド： 広帯域（broadband）といった意味をもつ言葉であり、一般的には、高速通信により大容量の情報の授受を可能とする通信網をさす。従来のアナログ回線より高性能の光ファイバーの利用がこのインフラ整備に大きく寄与することとなった。

● OECD： Organisation for Economic Co-operation and Developmentの略で、経済協力開発機構と訳される組織。1961年に設立され、日本は1964年に加盟国となった。先進国間の相互意見交換に基づきながら、経済成長、貿易自由化、途上国支援への貢献を目的としている。

このように現況を把握したうえで、私たちはICT化に牽引される会社の未来をどのように考えてゆけばいいのだろうか、その場合に、国策がうながすところのICT産業の今後といったテーマの中にこそヒントがあると考えられる。それは総務省の提供による『情報通信白書』平成27年版に展望として整理されており、次のような見解が主だったものである。①ICTは現代の基幹的な技術として汎用化する、②ICTはデータ分析による業務や生産活動、あるいは流通活動を効率化し、生産性を向上させる、③ICTを活用した就業形態、たとえばテレワークなどは多様で柔軟な働き方を選択することを可能にするところから、ICTの進歩は雇用に求められるスキルを大きく変えてきている、④ICT分野では、携帯電話、PC、薄型テレビ、スマートフォン、タブレット等の革新的な商品や、オンラインショッピング、コンテンツ配信、オンラインゲーム、**ソーシャルメディア**、スマートフォンの各種アプリ等の革新的なサービスが、次々と開発・提供され、新たな市場を創造してきたが、それらが基盤となり、さらに新たな新市場を創造する、⑤ICT産業はわが国の主要産業であり、国際標準として規格化されているISO/IEC15408やISO/IEC27001（第11章第1節参照）に則りながらICT産業のグローバル展開を積極的に推進することは、わが国経済全体としての海外需要の取り込みに大きく貢献する。

　これらの展望からすれば、現段階においては未知の商品やサービスの開発が期待され、ICT化はさらに加速することが予測されることから、全産業はその影響下に置かれながらの活動が求められることとなり、さらに、少子高齢化やジェンダーバランスを意識しながらの人的資源の確保へとつながる可能性を秘めていることから、会社組織のありかたや活動そのものが大胆に変化してゆくこととなる。したがって、ICT化を基調とする時代は継続するとの見通しのもとで、会社のありかたを理解してゆく必要があるだろう。

2）経営資源としての情報

　現在のトレンドを背景としながら、会社は情報との向き合い方を求められることとなるが、その場合に、経営資源としての情報が想起される。第3章においてすでにふれたところであるが、会社と情報の関係性といったテーマにおいて、改めて詳しく整理しておくべきだろう。経営資源としての情報とは、会社経営の基盤に位置する情報をさし、代表的なものとして、顧客情報、営業活動情報、受注情報、売上情報、財務情報、業務実績情報、人材能力情報など会社内にストックされるさまざまな管理情報や、技術に関する特許、会社のもつブランド力や商標やノウハウが挙げられる。これらは、個性的なものとして会社に帰属するものであるが、そのほかに、会社の活動への活用が期待される情報である、行政情報、市場情報、他社情

●『情報通信白書』： 総務省が年刊として刊行する政府系白書の一つであり、情報通信の分野を主題とし、それに関する情報通信産業の動向や課題、一般生活の変化の動静、政府の政策方針などをまとめたもの。数値やグラフなどに対する分析に基づいているところから、データ集としての色彩が強い。

●ソーシャルメディア（social media）： インターネット上の世界において、ユーザー同士の双方向的なやりとりにより形成されるメディアをさし、第三者の書き込みを可能とするブログや、Facebook、Twitter、Youtubeなどが代表的なサービスとして広く活用されている。

報、業界情報、あるいは**経済指標**などの数値的データや各種統計なども含まれる。これらを収集することにより、会社にはさまざまな判断材料が蓄積され、新たな商品開発や実績の向上、あるいは経営管理や経営計画の策定などに活用されることとなるのである。

　その場合に、情報への対処として求められることは、一つは完全性であり、正確なデータを根拠としながらの適切な判断が求められ、それは会社の活動上の信頼性を高めることとなる。今一つは、適時性であり、局面に応じた情報の確保が瞬時のものとして求められ、それは、ICT化の普及により可能となってきている。さらには、次節でふれることとなる安全確保も必要とされる。会社へと蓄積される情報は、会社の実績に関わる数値的な類のもののみならず、顧客データなど個人情報に帰属するものが数多くあり、外部への漏洩は徹底して防がなければならない。おりしも、ICT化の進展と歩調を合わせながら、**ハッキング**技術も進化しているのが実情であり、防衛策を導入しながら情報を管理していかなければならない。また、情報を管理するうえで、その他の経営資源をそれに集中的に投下してしまっては、本業の生産性が低下してしまい、その場合には、情報管理システムの維持や簡便な管理を追求する保守性も重要となる。

　会社はこれらを強く意識しながら情報を活用してゆくべきであるが、労務や財務といった観点からすると、それだけ専門的な業務や、設備や人件費を含めた負担が増加することをも意味している。したがって、情報管理における可能な限りの効率化をはかり、あるいはコストを下げ、または利便性を向上させながら安全性を完全なものとしてゆくことが同時に求められているといえる。

3）経営情報システムについて

　ICT化の進展により、会社の情報管理業務は多岐に及ぶこととなったが、それらに対する経営のトップ層による全体的な管理自体もICT技術を活用することが可能となってきており、コンピュータの活用により、蓄積された情報に基づきながら組織内に適切な情報伝達を行う経営情報システム（Management Information System：MIS）が考案されることとなった。具体的には、経営者の経営管理活動を支援する目的のもと、コンピュータへ大量の情報を蓄積したうえで解析し、その分析結果を根拠とした情報を、経営者の管理上、業務上の意思決定に役立て、あるいは財務・生産・労務・販売などの各部門に有効なものとして伝達することにより、経営管理上の効率化を促進するという情報システムのことである。その場合に、大量の情報を収集し解析できる機能や、必要時に正確な情報を即時のものとして伝達可能な機能を併せもったものとして編成されていることが多い。

　この経営情報システムのメリットとしては、コンピュータの処理能力を

●**経済指標**：　各国の政府や自治体など公的機関が発表するところの、経済状況を数値として整理したものであり、物価や景気動向、貿易の収支状況など経済動向の把握に活用される。具体的には雇用統計や、GDP（国内総生産）、消費者物価指数などを挙げることができる。

●**ハッキング**：　hackingの和製英語として一般化されている用語である。本来的にはコンピュータ技術に精通した者が使用上の脆弱性を指摘したりする行為をさしていたが、近年では、その卓越した技術の使用によるPCへの侵入やデータの改ざんなどをさす表現として一般化している傾向がある。

頼ることにより、従来は処理し切れなかった大量の情報を蓄積・整理することが可能となり、そこから解析された結果を全社規模のものとして適切、スピーディに提供しうる能力が会社に備わったことが挙げられる。会社にとって、このような意思決定、意思伝達の自動化による経営情報システムを確保するということは、効率化のみならず、活動そのものの迅速化がもたらされることとなり、ライバル他社に差をつけ、ビジネスチャンスを獲得するうえで、効果的であるといえる。なお、この経営情報システムは、直近の実務に活用されているのみならず、将来的な構想、経営計画の策定や経営戦略の構築へも積極的に活用されている。こうした、コンピュータ技術やインターネット技術の進歩がもたらした経営情報システムは、現在、未来における会社のありかたと経営資源である情報を仲介する役割を担っているといえ、ICT化の進展によりさらなる技術の進歩がみられれば、それにともないながら、会社と情報の関係性も変化してゆくことが予想されるのである。

(2) 会社と情報セキュリティ

1）さまざまな問題と情報セキュリティ

　現在の会社は、経営情報システムに代表されるICT化に依存し、会社の活動における利便性を向上させているが、それとは裏腹に、情報セキュリティ上のリスクと常に直面し続けている。このリスクは、会社自身へのみならず、顧客や取引先への被害を与える可能性をもつものである。したがって、情報セキュリティに関する会社の取り組みは、もはや、会社の最重要業務の一つとなっているといえよう。その場合に、会社が直面しているさまざまな問題を事例として知るべきであるが、その前に、情報セキュリティの3要素をまずは押さえておきたい。

　情報セキュリティの3要素とは、機密性（confidential）、完全性（integrity）、可用性（availability）をさし、それぞれの頭文字からC. I. A. とも呼称される。機密性は、許可された者だけに情報へのアクセスを可能とすることであり、IDやパスワード、近年では生体認証による本人確認の徹底化や、接続端末を制限する、あるいはインターネット通信の経路を暗号化することなどにより、機密性を高める方法が主流である。完全性は保有する情報が正確であり、改ざんなどの破壊行為がなく完全な状態を保全することであり、情報データのバックアップや、**デジタル署名**の導入などで完全性を高める方法である。可用性は、許可された人に必要なときに情報へのアクセスを可能とし、情報提供サービスにおける利便性を高めることであり、アクセス用のネットワーク回線の増設や多岐化、処理速度の優れた機器の導入などがそれに寄与することとなる。これらの3要素により成り立つ環

●**デジタル署名**：　電子文書の正当性を確認するための技術であり、署名に関する情報を暗号化したもの。その場合に、電子文書の作成者が本人であるといった点や、文書の改ざんが認められない点を証明するところが主眼化されている。なお、eコマースの場合に利用されるケースが多い。

境において、情報は保護されることとなるのであるが、一方でハッキングや情報の改ざん、情報の紛失などのさまざまな脅威があることも事実である。したがって、会社は機密性・完全性・可用性を強く意識しながら、情報セキュリティを実践してゆかなければならないのである。

　このように理解される情報セキュリティを実践していくうえで、私たちは、脅威の具体的な内容について知る必要があるだろう、以下①～④の代表例を紹介しておきたい。

　①　**情報漏洩**　　会社が蓄積した情報には、財務情報など会社の実績を収集したものだけでなく、顧客情報のような個人情報も含まれている。これらは、会社にとっての機密情報の意味をもつものであり、丁重に扱うことが社会的な責任であるといえる。したがって、会社組織の内部からの軽率な情報の持ち出しや、記録媒体の紛失、あるいはウイルスの感染やネットワークの不正傍受などによる情報流出は徹底的に予防しなければならない。とくに、個人情報が流出した場合には、個人に対する損害賠償に発展することもあり、社会に対して会社の信頼性を大きく低下させることから、不買による収益悪化やその後の取引上の機会の喪失が発生する原因となる。

　②　**不正アクセス**　　ネットワークやシステムそのものに対する不正アクセスは、会社の機密情報への接触だけでなく、会社内部を破壊する行為を可能としてしまう。たとえば、会社内部の担当者のみ改変が許される会社ホームページの内容の改ざんなどが代表例である。会社のホームページは、会社が社会に対して必要な情報を発信する場であることから、虚偽内容への改ざんは会社の信頼性を低下させ、さらに、ホームページに感染ウイルスが埋め込まれた場合には、ホームページ訪問者のコンピュータを二次感染させてしまう、といった被害も発生させてしまう。

　③　**システムの停止**　　情報ネットワークの構築を基盤として活動している会社が大多数である現在であるが、この状況は基盤とするシステムが麻痺、あるいは停止してしまうと、会社の活動自体が成立しなくなることをも意味している。火災、落雷、地震、あるいは人為などにより基幹となる機器が障害を起こせば、生産システム、販売システム、実際的な顧客サービスを停止せざるをえず、その期間における生産性の低下や、販売機会の喪失へと連鎖してしまうこととなる。

　④　**コンピュータ・ウイルスへの感染**　　業務用PCへの**コンピュータ・ウイルス**の感染により、社内用、あるいは個人用のコンピュータへと感染を広げ、業務を停滞に追い込むケースがあり、さらには、情報漏洩や情報の改ざんへも派生することもある。

2）情報セキュリティ対策

　上記に挙げた、さまざまな脅威への対応として、会社は情報セキュリ

●**コンピュータ・ウイルス**（computer virus）：コンピュータに侵入し、既存のプログラムやデータベースに対して破壊や、外部流出などの被害を及ぼす目的下につくられたプログラムであり、ホームページの閲覧や、電子メールの受信・開封により感染するケースが多い。

ティ対策をとらなければならない。以下は会社においてとられている代表的な具体策である。

- コンピュータにセキュリティソフトを導入したうえで、ソフトの中身を常に最新のものに更新し、ウイルス感染やハッキングを予防する。
- ウイルス感染予防のため、会社内のコンピュータを私的利用しない。
- ウイルス感染の可能性があるため、メールや SNS の内容における正当性を確認したうえで開封する。
- 信頼性の高い特定のソフトやアプリのダウンロードに特化し、会社のシステム管理者の許可を必ずとる。
- コンピュータや**無線 LAN** などの通信機器に修正プログラムを適用し、常に最新のものへと更新しておく。
- パスワードは安全度の高い文字列にし、なおかつパスワードの使い回しはしない。
- コンピュータ紛失時における不正使用を避けるため画面ロック機能を有効化しておく。
- 個人所有のコンピュータを会社内のそれへと接続させない。
- 情報データの破壊や、機器の不具合への備えとして定期的に情報のバックアップを行う。
- 電力供給体制の支障を想定して、電源装置を設置しておく。
- 情報の扱い方や持ち出しに関するルールを徹底する。

　以上は個別の例であるが、会社はそれらを網羅的に把握しながら、情報セキュリティ対策を行う必要がある。その場合に、大前提として、会社は事前にセキュリティ対策における方針や内規としてのルールを決めておくべきである。この取り組み方としての姿勢を情報セキュリティポリシーと呼び、会社主導のもとですべての人材に対する情報セキュリティ教育を実施しながら啓発につとめ、ICT 化が進展してゆく未来に適した信頼性の高い会社を育成してゆく必要がある。

● SNS： ソーシャル・ネットワーキング・サービス（Social Networking Service）の略語であり、ウェブ上の空間を通じて社会的なネットワーク構築に大きく寄与するサービスをさす。具体例として Facebook や Twitter を挙げることができる。

● 無線 LAN： 電波など無線通信の活用によりデータ情報の授受を行う LAN（Local Area Network）システムをさし、ワイヤレス LAN とも呼ばれる。現在における代表的な通信の方法としては、「Wi-Fi」が一般的な標準として普及している。

- □ IT と ITC の違いについて述べましょう。
- □ 日本におけるインターネットの普及について、その歴史的変遷を整理しましょう。
- □ 経営資源としての情報の中身に該当するものを列挙しながら、その特徴を述べましょう。
- □ 経営情報システムの意義について見解を述べましょう。
- □ 経営情報システムの具体例を挙げながら、その効果について指摘しましょう。
- □ 情報セキュリティの3要素について説明しましょう。
- □ 情報セキュリティの実践において、その脅威となっているものについて指摘しましょう。
- □ 会社が採用している情報セキュリティ対策について、具体例を挙げながら紹介しましょう。
- □ 現在、どのような情報セキュリティ技術が開発されているのかについて調査しましょう。
- □ 会社の経営と情報の関係に関する、世界的な規模での取り組みについて紹介しましょう。

Check

コラム5:　　　　　　　　　　　　会社の情報とデータ

　まず、情報（information）とデータ（data）の違いについてみていこう。一言でいえば、情報とは「ある事情の知らせ」であり、その意味は非常に広範でありなおかつ深いものがある。データは「いまだ特定の意図・目的に対して評価されていない諸事実」であり、意図・目的達成に役立つ「情報」を作成するための資料を指し、「情報」と区別されている（亀岡1980）。つまり、事実を記録したものはデータと呼ばれ、それを会社の意思決定に関わる不確実性を低減させる意図・目的のもとで、加工・処理して得られるものが情報である。

　ここで、コンビニエンス・ストアなどの小売業者のPOSシステムを考えてみよう。その仕組みと手続きは、まず商品自体ないしは値札に貼付されたバーコードをスキャナーで読み取ると、それがストア・コントローラーに転送されて商品マスター・ファイルと照合のうえ、該当する商品名と商品価格が送信される。POSターミナルのレジ機能は、この返送された情報をもとに清算処理を実施し、他方、ストア・コントローラーは商品の単品別の販売データを記録・蓄積することが可能となる。

　つまり、店舗での日々の売上高を時系列的に打ち出したものは「データ」にしかすぎず、これはある日の売上高実績の事実を記録した域を出ない。しかし、このデータを性別、年齢別、時間帯別、曜日別や天候などの要因で分析し、処理を施してみよう。たとえば、平日の夕方、土日祝日の午後や気温が30度を超えた日時に売上の多い「売れ筋」商品などのABC分析などを実施すれば、売り切れや売れ損じを極小化するための有意義な情報を取得できる。ちなみにABC分析とは、各取扱品目の売れ行きの差に注目し、売れ行きのよい順に各品目を並べ、各々の売上高の全体に対する割合を順に累計し、総取扱品目をA品目（総売上高の約70％を占める商品群）、B品目（同・約20％を占める商品群）、C品目（同・約10％を占める商品群）に3分類し、各カテゴリー別に、在庫管理の方法に差を設定するものであり、パレート分析とも呼ばれる。「データ」が宝の山である「情報」と化す可能性もある。

　上述のごとく、POSデータを処理し加工して得られる情報は、販売管理、在庫管理や顧客情報管理などの会社の意思決定を実施する際の有益な役割を果たすことになるのである。

（参考文献：兼村栄哲「ABC分析」宮澤永光・亀井昭宏『マーケティング辞典（改訂版）』同文舘、2013年、26頁、亀岡秋男「情報」荒憲治郎・内田忠夫・福岡正夫編『経済辞典』講談社、1980年、604頁）

10　会社にとっての課題

　会社はその活動を行うに際して、さまざまな課題と向き合い続けている。その一つは、社会的な役割の自覚につながる課題であり、それを知るためには、会社の社会的な責任、すなわちCSRについての理解を深める必要がある。また、会社は成長をともないながら継続化してゆくといった課題へも対処してゆかなければならず、その具体的な進め方であるM＆Aについても私たちは学ぶ必要がある。さらに、会社の信用の失墜を予防するといった課題については、いわゆる会社の不祥事についても知る必要があるだろう。本章では、これらの課題を扱いながら、会社の価値を多方面に向けて発信してゆくための活動や自覚的側面についての理解を深化させていきたい。

(1) 社会に対する責任 —CSR—

1）企業の社会的責任とは

　企業が社会に果たすべき責任とは何であろうか。その答えとして古くから存在するのは、企業とは社会や消費者が求める財やサービスを提供するものであるという考え方である。しかし、現代社会においては、単純に自らがつくりだす製品やサービスを社会に提供する役割を担うだけでは、その企業が社会に対する責任を果たしていると主張することは難しい。企業には、自らの行動が環境や社会に及ぼす影響を考慮しつつ、環境や社会と共存して持続可能な成長を実現していく責任があると考えられるようになりつつあるのである。

　その理由の一つには、従業員雇用や製品の生産、流通など、一連の企業活動に関する決定や行動が、人々の社会生活や環境に影響を及ぼすためということが挙げられる。たとえば、とある製品の製造販売分野で世界的にも高いシェアを誇るグローバル企業が、その製品の原材料の供給が可能で、人件費も安く、生産した製品を世界各地へ輸送するうえでも利便性が高いと判断したとある途上国に、新たに自社製品の製造工場を建設するとしよう。工場ができたことによって、その国には新たな雇用が生まれる。また、その原材料を生産している現地の事業主の取引や売上も増加する可能性がある。原材料の納入や生産された製品の出荷にともなって、現地では物資などの輸送に関連する交通量も増加するだろう。物流や製造に必要な条件を整えるため、交通や通信などのインフラが整備されていく可能性もある。

その一方で、工場の稼働によって大気や水質、土壌などの汚染や、それらにともなう現地の人々の人体への被害が発生する可能性もある。企業活動が続く限り、良いものであっても悪いものであっても、こうした社会や環境への影響が発生する可能性がゼロになることはないだろう。社会にとって、現代の企業は単純に財やサービスの供給者としてとらえるだけでは不十分な存在なのである。

とくに大規模な企業に対しては、前述したような考えで社会に対する責任を果たすことを要求される傾向が強いといえる。もちろん、たとえ規模がそれほど大きくない企業であっても、その決定や活動が社会や環境に影響を及ぼす可能性はある。その意味で、拡張されてきている「企業が社会に果たすべき責任についての考え方」は、すべての企業にとって考慮していく必要があるものといえる。

2）4つのCSR

経営学において、企業が社会に果たすべき責任は **CSR** という概念で議論されている。図1は、現在議論されているCSRを4つに分類したうえで、どのような構造で企業の社会的責任が成り立つのかを表したものである。

一番下の部分に位置づけられているのは経済的責任（economic responsibility）である。利潤の創出や売上高の最大化などを実現すること、戦略的な意思決定や配当金分配政策の策定などを実施することは、企業の社会に対する最も基本的な責任であるとして、一番下の部分に位置づけられている。

第二に法的責任（legal responsibility）である。法律は社会の善悪を成文化したものであり、このルールに従うこと、すなわちルールの中で企業として行動していくことが企業の社会に対する責任である。具体的には、従業員を守るために定められた法律や**知的財産権**を保護する法律、個人情報を保護する法律、独占禁止法など、各種の法令を順守することである。

● **CSR**： Corporate Social Responsibility の略称であり、企業の社会的責任を意味する。日本の経済産業省では、「企業が社会や環境と共存し、持続可能な成長を図るため、その活動の影響について責任をとる企業行動であり、企業を取り巻く様々なステークホルダーからの信頼を得るための企業のあり方」を指すとしている。

● **知的財産権**： 発明やデザイン、ブランド、著作、音楽や映像コンテンツなど、人間の知的活動によって生み出されたアイデアや創作物のうち、財産的な価値をもつものを総称して知的財産と呼ぶ。知的財産の中には、法律で規定された権利や法律上保護される利益に係る権利として保護されるものがあり、それらを知的財産権という。日本の知的財産基本法では「特許権、実用新案権、育成者権、意匠権、著作権、商標権その他の知的財産に関して法令により定められた権利又は法律上保護される利益に係る権利」とされている。

図1　CSRのピラミッド

出典）Carroll, A. B. and A. K. Buchholtz., *Business and Society: Ethics and Stakeholder Management*, Mason, Thomson, 2003をもとに筆者作成

第三の倫理的責任（ethical responsibility）とは、正しいこと、公平、公正なことを行い、危害を与えることを避ける責任を意味している。例として、疑惑を招くような業務慣行の回避、法令の文言や精神に適応すること、倫理的な行動や公正な行動をとることなどが挙げられる。

最後の慈善的責任（philanthropic responsibility）は、善き企業市民として、自らの資源をコミュニティに提供したり、人々の生活の質を向上させていく責任である。大手企業が環境活動やボランティア活動、寄付、地域貢献などに取り組んでいることを見聞きしたことはないだろうか。近年、企業のCSR活動報告などをみると、こうした慈善的責任に相当する社会貢献活動を実施報告として紹介している企業が多い。

3）企業の社会貢献活動

企業による社会貢献活動として最も古くから存在している実践とされるのが、ビジネスから得た利益を地域社会に還元する形で実施される金銭的寄付である。たとえばアメリカの場合、地域社会や教育、文化や芸術などに対する2013年の寄付額の約5％である約170億ドルが企業によるものであると報告されている。日本でも1990年に、経常利益の1％を寄付するという**1％クラブ**が経団連に立ち上がっている。こうした取り組みは**企業フィランソロピー**（corporate philanthropy）と呼ばれる。企業フィランソロピーは、社会貢献活動に積極的に取り組む企業というイメージを世間に知ってもらうための活動でもある。求職者の企業イメージや従業員の自負心、企業に対する行政の印象、投資家の評価など、さまざまな形で寄付をした企業によい結果をもたらすことも期待できる。

企業によっては、地域社会や教育、文化や芸術などの団体に対し、金銭的寄付ではなく自社製品の寄贈や施設の提供といった活動を展開しているところも存在する。災害時の救援物資や教育の補助教材として自らの資源である製品を提供することによって社会貢献を果たすのである。また、企業によっては、**企業博物館**と呼ばれる企業や業界の歴史や技術の仕組み、商品製造に関する知識などを学ぶことができる見学施設をつくり、運営しているところや、自社工場を見学できるようなイベントを開催しているところもある。こうした取り組みは、観光資源として地域社会に恩恵をもたらすほか、教育や文化に触れる機会を増やしているという意味では、人々の生活の質を向上させる取り組みであるともいえる。

その他、地域社会の教育イベントやボランティア活動などに従業員を参加させる、CCI（Corporate Community Involvement）に取り組む企業もある。企業は従業員が活動に参加することでチームワークのスキルを学ぶことなども期待できる。また、近年では企業が地域社会の一員として、地域のさまざまな機関や団体とパートナーシップをつくり、地域社会の課題をとも

●**1％クラブ**：ワンパーセントクラブとは、経団連が1990年11月に設立した、経常利益や可処分所得の1％相当額以上を自主的に社会貢献活動に支出しようと努める企業や個人の有志からなる団体である。企業とNPO・NGO関係者との相互交流の促進のほか、国内外の緊急救援活動に関する情報の収集と提供、法人会員に対する社会貢献活動実績調査なども実施している。

●**企業博物館**：企業の製品や歴史、文化などに関わる資料をもとに、展示や研究、保存など、博物館としての活動を展開する企業施設である。自社の歴史や創業者の理念、商品の開発やヒットにまつわるエピソードが中心の施設もあれば、地域と企業との結びつきを中心に展示や活動を展開している施設、科学や技術の仕組みを体験などからわかりやすく伝えることを中心に活動している施設もある。

に考え、その解決策を実行していく事例も出てきている。

4）社会的な課題の解決と企業の経済的活動の両立

　近年、CSRの発展型としてCSV（Creating Shared Value）という概念が使用されるようになってきた。日本では共通価値の創造と訳されているこの概念が意図しているのは、社会的な課題の解決と企業の競争力向上の同時実現である。この概念を提示したマイケル・E・ポーターとマーク・R・クラマーによると、従来型のCSRに取り組む企業には、「社会的な課題に取り組むためには、経済的な成功をある程度は犠牲にする必要がある」という考え方があり、さまざまな取り組みが展開されてきた一方で、それらは本業の中心課題から離れたものとなってきた。これに対してCSVは、経済的な価値を実現しながら、社会的な課題に対応すること、すなわち本業の中で社会的な課題に取り組むことを意味する（たとえば、飲食料品のメーカーが貧困地域の子供たちの栄養摂取の改善に向けた商品を開発することなど）。

　また、CSVの議論に類似したものとしてコーズ・マーケティングというものが存在する。これは顧客が製品やサービスを購入するときに決まった金額を特定のコーズ（cause：大義・社会的課題）に寄付するという特徴をもつマーケティング活動である。コーズ・リレーテッド・マーケティングと呼ばれることもある。有名な事例として、アメリカン・エキスプレスが1983年に展開した「自由の女神修繕キャンペーン」がある。このキャンペーンは、アメリカン・エキスプレスの自社カードの新規発行ごとに1ドル、アメリカ国内で一度使用されるごとに1セントを、自由の女神・エリス島財団に寄付するという内容のものであった。このキャンペーンの結果、最終的な寄付額は170万ドルを達成したとされる。また、カードの使用率は前年度比で28％上昇、新規加入者も増加したとされる。このように、コーズ・マーケティングでは、寄付などの形で特定の社会的課題の解決に貢献すると同時に、マーケティングの施策の一環として売上や認知度の向上といったことも達成される。他の事例としては、イオンが実施している「幸せの黄色いレシートキャンペーン」や、アップルのPRODUCT REDなどを挙げることができる。

　コーズ・マーケティングの特徴は、1）消費者のとる行動によって企業の社会貢献の度合いが左右される、2）社会貢献する対象の慈善団体と事前に公式な同意や調整を行う必要がある、3）この取り組みは企業の「プロモーション」と関わってくるため、企業内のマーケティング活動との調整が必要となる、という点である。これらに留意することによって、社会的な課題の解決と企業の経済的活動を両立させることにつながるであろう。

(2) 成長への挑戦 ―M＆Aについて―

1）M＆Aとは何か

　会社はその活動において、存続をはかり続けてゆくのと同時に、常に市場の開拓を志してゆく存在であり、その場合に、競争原理や会社の防衛を強く意識したさまざまな判断を下してゆかなければならない。たとえば、ある商品やサービスのシェアをめぐってのライバル他社との競争に敗れれば、会社の経営は脆弱なものとなり、投資家などの関与により経営支配権が奪取されてしまえば、経営者の影響力の低下や社風の刷新などにより会社組織そのものが従来とは変容してしまう。これらの局面の発生に対する対応を課題としながら、会社は活動を行っており、獲得市場のさらなる拡大、新たな商品やサービスの開発、経営支配権の奪取の予防などが模索されている。

　そうした構想を実現するための代表的な方法として、M＆Aが挙げられる。このM＆Aとは、「Mergers and Acquisitions」の略語であり、会社の合併・買収を意味する用語である。その中身は、形式により多岐にわたっており、広い意味においては、2つ以上の会社が一つになる形態を意味する合併、他社の買い取りを意味する買収、会社同士はそれぞれ独立の形態をとるものの、部分的に事業協力を行う手法を意味する提携（業務提携・資本提携）、会社同士が資金を出し合って一つの会社を設立する合弁会社、などがM＆Aに含まれる。このような手法が提起され、なおかつ実践されてきた理由として、会社は存続させ続けるべきものといった原則があるが、そのために、会社は国際的な、あるいは国内的な競争力をつけなければならないし、あるいは、乗っ取りから防衛しなければならない。また、経営の悪化に対する再生をはかりながら破綻を避けなければならず、さらには後継者を確実に確保しなければならない。これらを課題として、M＆Aが日々行われているのが現在の社会であるといえよう。

2）M＆Aのメリット

　このような動機によるM＆Aが方法として積極的に採用されているのには理由があり、それは、メリットとして以下に整理されることになる。まず一つ目として、相乗効果による将来性の確保が挙げられる。他社のもつ商品やサービス、技術や人材、ノウハウ、設備、社風、あるいはすでに獲得された市場を自社に組み込むことにより、相乗効果が期待され、新規事業を中心とした事業領域の拡大や、新たな商品・サービスの開発が進展することにより、事業価値の向上化が期待されることとなる。たとえば、航空会社がアミューズメントパークの会社を傘下に収めることにより、エンタテイメント性をもった空輸サービスを展開できるかもしれない。二つ

目は、経営基盤の強化であり、自社と他社の経営資源が統合されることにより、経営基盤、とくに土地や建物や現金などの財務面が強化され、同業他社との競争に打ち勝つ資産的な体力を拡大させることができる。三つ目は新体制の経営陣が構成されることである。複数の経営者がこれまでの経験から獲得したノウハウを新体制に反映させることができるため、付加価値をともなった構想に基づきながらの会社経営が期待でき、市場は新たな期待感を会社に抱くことができる。たとえば、製造業のノウハウに発言権があるが組織管理には難がある経営者と、経営組織のスリム化に卓越した知識をもつ一方で製造技術のノウハウは持ち合わせていない経営者が合わされば、両者のウィーク・ポイントの補完や、ストロング・ポイントの会社全体への反映により、より確固たる会社が形成される可能性がある。

　四つ目は、経営支配権の防衛策になることである。相互の会社の株式の持ち合いを行うことにより、経営体制を強固なものとし、第三者による株式取得を通じた買収を防衛することができる。五つ目は、生産効率の向上が期待されることである。たとえば、自動車製造会社であれば、それまで部品の製造を依頼していた他社である車輪製造会社を**垂直統合**することにより、スムーズな生産過程が形成され、生産効率の向上や事業展開のスピード化が期待できる。六つ目は合併を通じた売却益の創出を可能とすることである。これは、成長が期待できる他社を買収し、相乗効果を通じて育成したうえで第三者に買収額より高値で売却すれば、利益を創出することができ、あくまでも投資を意図した考えに基づいている。最後の七つ目は、後継者問題の解決である。会社が継続してゆくうえで、経営上の後継者が必ず求められていくことは自明の理であるが、後継者の継承が期待できない場合や本来的な後継者の経営能力が欠如している場合には、他社の経営者などの人材を後継者として招聘することにより、会社の存続をはかる場合がある。そのようなときにM＆Aを通じて経営権の継承が積極的に採用されることとなる。

3）M＆Aのデメリット

　このように多くのメリットが確認されるM＆Aであるが、一方で、デメリットについても理解をしておく必要があるだろう。一つ目はM＆Aを行うと、一般的には新体制の経営陣となるため、見解や主張の相違によっては、会社の方針自体が錯綜し、会社全体の今後が不透明なものとして不安視されてしまう点が挙げられる。二つ目は、もともと期待していた相乗効果が得られないのみならず、既存の資産の減少や事業計画の見直しなど、以前よりも負担が増加してしまうなど、事前の想定とは異なる局面が出現してしまう可能性がある点である。三つ目は、自社と他社の社風がうまく融合せず、生産性が低下し、離職者が発生してしまう。あるいは、

●垂直統合：　開発・生産・販売などの各種業務を一つの会社がすべて包括的に担当するビジネスモデルをさす。その場合に、既存の事業に不足する経営資源の獲得や、M＆Aを通じた企業や部門の買収などをはかりながら、効率的な統合化がはかられるケースが多い。

2社分の部署が単一化されるため、同一のポジションに2人以上の専門的資質をもつ人材がいることとなり、指示系統が混乱することなどが挙げられる。このことは、経営資源としての人材が格段に増加するため、雇用コストがかさみ、それへの対策としてリストラが推進されることへもつながってゆく。四つ目は、自社に不祥事がなくとも、他社が隠蔽していた不祥事の発覚により、自社の社会的なブランドイメージの低下を招いてしまうことである。他社に対する事前調査を徹底したうえでM＆Aを行わなければ、自社に落ち度がなくとも、こうした想定外の局面に置かれてしまうこととなる。

　五つ目は、同業種同士が一つになった場合に、業界における**寡占化**が進み、消費者側からすると、会社主導の商品・サービスの提供を受けざるをえず、社会的にも歓迎されない状況が生まれてしまうことである。この問題は、とくに、大企業同士の融合により巨大な独占市場が形成されると、同業他社の成長が削がれ、その事業領域において起業を志す会社が現れなくなる、といった状況をも発生させてしまうのである。六つ目は、経営支配権の軽重により、市場から好感を抱かれていたブランド力、たとえば、ロゴやキャッチフレーズなどが刷新されてしまうため、会社自体に愛着をもつリピーターとしての消費者を手放してしまう可能性がある点である。会社が継続性を追求することは一義として理解できるものの、すでに定着しているものが滅失することは、社会的価値としての喪失感を市場に与えてしまう可能性がきわめて高い。七つ目は、後継者問題が解決したのち、その後継者により先任者が追放されてしまうケースである。このことは、見方を変えれば、既存の経営資源が後継者サイドへと帰属することとなり、換言すれば合法的な乗っ取りといったこととなる。

　上記に紹介してきたケースのように、M＆Aにはメリット・デメリットがあるが、これらのテーマを厳密に分析しながら、会社存続化のために活用されているのである。

4）M＆Aの種類について

　会社がM＆Aを行う場合に、そのメリットやデメリットに鑑みて、さまざまな具体的な手段①〜⑤などを選択肢としてその進め方を模索している。ここではそれらについて紹介しておきたい。

　①　**合併**　複数の企業が完全に一つの企業として一体となる形式であり、手続きとしては、吸収合併・新設合併といった2種類がある。前者は、存続する側へすべての経営資源が譲渡され、一方で吸収される側は法的に消滅・解散する形式であり、後者は、新会社を設立して、吸収される側の経営資源を統合的に譲渡させる形式をとるものである。②買収と同様のニュアンスをもつものであるが、①が形態を表すのに対し、②は実際的な

●**寡占化**：　少数の大企業により市場の占有化が図られている状況を示す用語。この少数者を寡占者、あるいは寡占企業と呼ぶ。こうした特徴をもつ産業の構造としては、商品やサービスの供給が安定化する一方で、価格競争や技術革新が停滞しやすいといった難点がある。

方法を示している。

　② **買収**　会社が別の会社のすべて、あるいは、事業などの部分を買い取るという資本の移動がある方法であり、買収先の会社の株式取得による議決権の過半数以上の確保を通じた経営権の譲渡や、各種部門の買い取りなどが含まれる。その場合に、会社の経営資源が全体的に、あるいは事業ごとに買収先に譲渡されることとなる。また、買収する側とされる側がある程度の合意に基づきながらの買収手続きを行う友好的買収や、買収される側の経営陣の合意を得ることなく、株式取得を水面下で進めることにより、経営権の掌握を強引に進める敵対的買収など、会社同士の関係性に着目した形態としての区別もある。

　③ **提携**　会社同士が協力体制を構築するための手法であり、業務提携、資本提携の2種類が代表的である。前者は、開発や販売、営業などの面におけるノウハウや技術の提供などを通じた協力体制であり、相乗効果や相互補完が期待される一方で、自社の技術や人材が提携先へと流出してしまう可能性もある。後者は、資金面で協力する体制であり、共同出資による新旧事業の育成や、相互に株式をもちあうことにより、第三者による買収を防衛することが目的とされる。

　④ **経営統合**　①合併と似たイメージがあるが、複数の会社がまずは持株会社を設立し、その傘下に入る形態をいう。それぞれの会社の組織や会社名は子会社として存続するところが合併と異なる点である。

　⑤ **合弁会社**　複数の会社の共同出資により設立される形態をさす。複数の会社が持株会社の子会社として傘下に収まるのとは異なり、合弁会社の場合は、あくまでも出資、さらには経営資源の提供の段階にとどまるため、出資した会社の独立性は以前のまま保たれることとなる。

(3) 不祥事の問題

　私たちの身の回りでは、さまざまな会社の不祥事が日々報道されている。本来的には、会社とは、社会に対する貢献を強く意識しながら営利の獲得を目指す存在である。そのような絶対的ともいえる使命を忘れ、過度な営利の追求や、会社組織内における個人的事情を優先し、結果として企業犯罪に手を染める人々が後を絶たない。このような現実は、ある種、会社にとって自覚をうながすべき課題に位置している。そういった意味からすると、会社の行為としてのマイナスの側面に目を向けることは、今後の会社の理想的なありかたを再確認することへとつながるのである。

　日々知られるところの会社の不祥事は会社の営利活動上の違法行為をさす企業犯罪として総称され、その当該者は複数の関係者による組織的なものから、特定個人によるものまで多様であり、①悪徳商法、②粉飾決算、

③脱税、④背任行為、⑤業務上横領などを列挙することができる。これらは、会社の営利活動におけるさまざまな立場を悪用しながら、違法に、さらには社会的な損害を与えながら実行されるものであり、それらが明るみに出た結果として、**不買運動**などにみられるように会社の信用が失墜し、場合によっては破綻へとつながる場合もある。

　これら全般は根絶されることが理想的であるが、それを実現するための取り組みも多方向から行われており、会社法や刑法を中心とした罰則規定の整備、あるいは犯罪の解明を迅速化するための手法として司法取引の導入の推奨が社会的な対応として進められている。また、会社内部からのものとしては、**コンプライアンス**の規定化と啓発の推進や、組織内部からの通報や告発システムの整備などが試みられている。

　こうした取り組みを想起しながら、企業犯罪が撲滅された社会の到来を期待したいところであるが、その期待とは相反する実情を知るといった意味からしても、①〜⑤に整理される代表的な企業犯罪の種類について理解しておくべきであろう。

　① **悪徳商法**　　詐欺的な商取引を通じて、消費者から違法に利益を吸収する行為であり、実態のともなわない利息率の高さを強調したうえでの投資の誘導、実際は価値のない原野などの販売、特典を強調しながらの高額な契約、迷信を実際的なものとして強調しながら、精神的な救済を意図した商品の販売など、多様な手法が用いられ、また、組織的なセミナーの開催や、訪問販売など消費者との接触経路は多様である。これらの商法は、価値にみあわない商品やサービスを提供しているのみならず、消費者の支払い能力を超えた契約が結ばれるなど、その強制性も問題であり、消費者側の心理的側面につけこんだやり方は健全な営利活動とはいえない。したがって、現在、契約締結者が、契約書を受信してから一定の期間であれば、契約解除が認められるクーリングオフといった制度が整備されており、その場合には違約金の支払いは不要となる。

　② **粉飾決算**　　会社はその活動において、金融機関から融資を受けたり、株価を維持する必要があるが、そのためには、財務状況が良好であることが望ましい。したがって、財務状況が事実として悪化していると、会社の価値は低下する傾向がある。そのような局面から回避するために、財務状況を示唆する正式な記録である決算書の内容を意図的に改ざんするケースがある。その場合に、利益や売上や諸経費の過大、あるいは過少計上や、さらには架空の計上すら行われる。本来的に会社の実績は正確な数値を通じて社会に公開されるものであるが、この時点において、架空の実績が公のものとなることから、社会に対する背信行為に相当する。

　③ **脱税**　　会社はその活動に応じながら納税することを義務づけられ

●**不買運動**：　消費者側を主体とする運動方法の一形態をさす。企業側の消費者への対応が不利益をともなう場合などに、その抗議の意として、商品やサービスの購入を差し控える活動が代表的である。近年のインターネット環境の整備状況にともなって、その影響力の展開は即効的な圧力と化すケースが見受けられる。

●**コンプライアンス**：　従順を意味する compliance をさし、一般的には「法令順守」といった訳として浸透し、会社側の経営活動における法令や規則の順守を意味する用語として定着している。この考え方は、会社の内部統制の透明化や、公正な業務活動の推進を目的としているだけでなく、各種不祥事への防波堤としての役割を担っている。

ているが、正式な税の納付を行わず、脱税といった行為を働くケースがある。それは、②粉飾決算などを利用する、あるいは、課税対象となる資産の隠匿などを行うなど多彩な方法がとられる。また、法的には脱税行為とはいえないまでも、税制優遇措置がとられている国や地域である**タックスヘイブン**に本社を置くことにより、租税を回避する手法などもあり、国際的に問題となっていることも付記しておくべきだろう。

　④　**背任行為**　　本来的に、背任とは、刑法第247条の背任罪の条文規定にあるように、「他人のためにその事務を処理する者が、自己若しくは第三者の利益を図り又は本人に損害を加える目的で、その任務に背く行為」をさすが、会社における背任としては、会社法第960条1項の条文規定が示しているように、発起人、設立時取締役、設立時監査役、代表取締役、取締役、会計参与、監査役、執行役、監査役の職務代行者、執行役の職務代行者、委員、支配人、事業に関する特定の事項の委任を受けた使用人、検査役などが「自己若しくは第三者の利益を図り又は株式会社に損害を加える目的で、その任務に背く行為」を特別背任として位置づけている。なお、会社法が定めるところの特別背任罪の方が重刑であるのが特徴的であり、たとえば、回収の見込みがないことを既知していながら巨額の融資を経営判断した場合や、反社会的組織との取引を通じて相手に巨額の利益をもたらした場合などを例示することができる。

　⑤　**業務上横領**　　業務上の管理を行う者が、管理対象となる物を横領し、自分の所有物とした場合に成立するのが業務上横領罪である。たとえば、経理担当者が会社の預金を着服する行為や、運送会社の従業員が配送物を自分のものにしてしまう行為などがそれに該当する。なお、経理業務に全く関わることのない営業職の従業員が会社の預金を着服した場合などは、管理下にない物を自分のものにしたケースとなり、それは窃盗罪として扱われることとなる。

●**タックスヘイブン**：　tax haven の和製英語であり、税金避暑地、租税回避地などと訳される。具体的には、法人税や源泉課税などの課税の軽減や免除など税制上の優遇措置を設けた国や地域をさし、イギリス領バージン諸島やケイマン諸島などが代表的である。

- ☐ 企業の経済的責任とはどのようなものでしょうか。
- ☐ 企業の法的責任とはどのようなものでしょうか。
- ☐ 日本の企業を2つ以上調べて、各社で取り組まれているフィランソロピー活動を比較してみましょう。
- ☐ 日本の企業博物館を調べて、その施設がどのような社会貢献活動といえるのかを考えてみましょう。
- ☐ コーズ・マーケティングとは、どのような活動でしょうか。
- ☐ Ｍ＆Ａのメリットについて指摘しましょう。
- ☐ Ｍ＆Ａの種類と、それぞれの特徴的効果について説明しましょう。
- ☐ Ｍ＆Ａを行った具体的な会社を調査し、その経緯や結果について整理しましょう。
- ☐ 敵対的買収の意味について説明しましょう。
- ☐ 企業犯罪の種類について、具体的な事例や事件を挙げながら紹介しましょう。
- ☐ 粉飾決算の意味について説明しましょう。
- ☐ 会社にとってのコンプライアンスの意義を説明しましょう。

Check

11　未来の会社のありかたとは

　ここまで、会社の成り立ちや組織、あるいは具体的な活動などについての学習を進めてきたが、これらの各テーマと向き合いながら会社はその活動を行っている。それは、将来的な展望を見据えた現在形としての活動という理解が適切である。では、会社が将来的な成長を確実なものとするために考慮しておかなければならない未来とはいったいどういうものであるのだろうか。この関係性をより鮮明化するためには、現在から未来にかけてのトレンドとしての社会現象、すなわちグローバル化、ならびにIT化における影響や、人口減少や少子高齢化と密接に関わる働き方の変化への対応などを知る必要があるだろう。

(1) グローバル化社会と会社の関係性

1) グローバル化とは何か

　日本の会社にとっての活動の場は、すでに日本国内にとどまらず、さまざまな国での事業展開や、市場開拓が現在進行形のものとして行われている。一時期、「国際化の波が押し寄せる中での半導体メーカーの躍進が……」など、「国際化」を強調する言い方が日常的であったことは記憶に新しいところであるが、現在、それは「グローバル化の波」といった表現に置き換えられつつある。このグローバル化、すなわちGlobalizationという言葉の意味は、人や物やカネといった実在するもの、あるいは政治、経済、文化、生活などといった人間社会の様式的な行為などが、国家、民族、宗教といった境界線により区分される枠組みを超越しながら相互に交流を行う現象をさし、その先には、すべての枠組みを取り払った姿の地球において、政治、文化、経済などに関するさまざまな活動の統合化が展望されている。

　この趨勢を背景として、世界各国による金融の自由化が進められ、あるいは、世界のさまざまな地域をターゲットとした市場開拓などが大規模な**多国籍企業**により行われるようになった。さらに、コンピュータを通じた情報処理やインターネットなどの情報伝達の分野における技術革新が、ネットワーク通信の世界的規模化に大きく寄与するところとなり、これらの多方面からの躍進が複合化した結果として、経済のグローバル化現象が日常的なものとして定着したのである。

　このような状況は当然のことながら、さまざまな会社の活動に強い影響

●多国籍企業：　複数の国家や地域における現地法人の設立に基づきながら、世界的規模を目指した意思決定により経営活動を行う大企業をさす。具体的には、ネスレ、ユニリーバ、IBM、ソニーなどが世界的に著名である。

を与えることとなり、「国際化」が吹聴された時代に比すればより一層の積極的な進出が展開されることとなった。その場合に、各会社はある一定の世界基準を共通認識としながらの活動を要求されることとなり、この条件を象徴した言葉として、グローバルスタンダードというものがある。世界標準、あるいは世界基準として訳されることの多いこの言葉は、経営学や経済学のみならずさまざまな分野において強調される機会が増えているが、会社の活動に焦点をあてた場合に、会社の意思決定や具体的活動を確定づける世界全体としての共通認識や基準、あるいはルールや規格といった理解が適切である。具体的な例としては、共通の金融システム、さまざまな技術に関する国際標準規格などを挙げることができるが、そのほかにも、会社経営の方法や会社活動の理念的なものにまで応用されつつある。

　この理解は、海外における市場開拓や拡大を志す会社にとって、もはや不可欠なものであり、成長へのチャンスを活かすための基礎に位置しているが、一方で、グローバルスタンダードを基準とした世界を大前提とするということは、世界全体を主戦場として諸外国の会社や多国籍企業などとの競争を運命づけられているということでもある。しかしながら、会社の成長には新市場の開拓が必要なことから、こうした現実をあえて活かしながらの活動が期待されるところである。一方で、グローバルスタンダードへの対応力をノウハウとしてもたない会社や、従来の国内市場のみをターゲットとし、それの維持のみに固執する会社にとっては、この趨勢は脅威であり、いかに淘汰されないかといった課題と向き合いながらの活動が模索されているといえる。

　このような状況をより具体的に理解するために、グローバルスタンダードの定着に強く寄与した組織、国際標準化機構についても理解しておくべきだろう。ISO（International Organization for Standardization）という略称が一般的なこの団体は、戦後の1947年に設立されたものであり、現在では162か国の加盟により2万1991の規格が発行されている（2017年12月段階）。このISOの具体的な役割は、国際的な工業規格や科学技術の規格の標準化が主だったものであり、組織名のみならず、工業規格を直接さすケースが一般的である。たとえば、CD-ROMのファイルシステムを標準化したものとしてはISO9660が発行されていることは、その代表例である。

　また、労働上の安全や衛生面についての管理についての標準化としてはISO45001が、あるいは、学習サービスの事業者に向けて、そのサービスの透明化と、活動基盤の整備を標準化したISO29990などが発行されているように、工業や科学技術のみにとどまらない範囲対象もあり、人間社会の活動も、世界規模なものとして標準化されている。これらの例は枚挙にいとまがないが、多種多様に発行されたこれらISOの認証を獲得してい

●工業規格：　工業分野に統一基準として定められる標準規格をさす。国際的な規格としては、国際標準化機構におけるISO規格、日本においては、工業標準化法に基づく日本工業規格（JIS規格：Japanese Industrial Standards）が一般的である。

●CD-ROM（Compact Disc-Read Only Memory）：　コンピュータ用のデジタル情報の記録を可能とする光学ディスク。文字・音・画像など大容量のデータを記録できるメディアであり、データ保存用、雑誌の付録、辞書などその用途は多彩である。

るか否かといった観点が会社の活動にきわめて強く向けられているのも事実であり、そうした基準をクリアしている場合には、会社の活動に対する信用や信頼が顧客や市場、さらには社会から寄せられることとなるのである。したがって、商品にISO認証番号のシールが貼付されていたり、会社のホームページ上でISO認証の取得が強調されていたりといったことがもはやおなじみとなっているが、これらのアピールは会社の活動が世界基準であることを強調する役割を担っているのである。

２）会社の活動におけるグローバル化への対応と人材育成

　以上の様相を背景としながら、会社は積極的に海外進出を行い、その成長の実現をはかり続けているが、それは従来のものとは異質なスタイルへと変化を遂げつつある。以前は、生産コストの削減、あるいは逆輸入を目的とした国内生産代替を意図しながらの海外進出が行われていたが、近年のグローバル化の趨勢の中においては、進出先での需要を取り込むことを目的とした現地市場の獲得を目指す方向へと転換しつつある。その要因としては、少子高齢化による国内市場の縮小がその一つとして、また、新興国の経済成長を背景とする富裕化や、それにともなう生活水準や技術水準の向上による新興国市場拡大への期待がそれぞれ挙げられる。

　こうした国内・国外それぞれの社会環境の変化への呼応として、会社はその成長に関わる方向性を導き出した結果が、グローバル化された海外への進出であり、具体的な工程例としては、海外での展示会へ商品やサービスを出展し、それを通じた受注を受けて輸出ルートを確保し、それを足がかりとしながらの海外進出を進め、現地の需要に応じながら、新規市場を開拓してゆくといった一連の流れを示すことができる。その場合に、商品やサービス、あるいは技術といったストロング・ポイントを活かすことや、現地のニーズを分析したうえでの購買層の掘り起こしや、従来の商品などを現地向けに**カスタマイズ**する能力が求められることとなり、いわば、現地を対象とした事業戦略にこそ、会社の成長が左右されることとなるのである。

　これらの現地での活動を支える重要な経営資源として、ヒトの役割はやはり重要である。とくに、対話力や異文化理解に長け、技術や実務能力の面からもグローバル化された世界に通用する人材、すなわちグローバル人材の確保こそが会社にとっての重要課題であるともいえる。こうした人材は、そのポジションとして、現地での活用を想定した外国人、あるいは外国経験のある日本人、または国内での活用を想定した彼ら、などに分けられるが、いずれにしても会社組織の活動に資するといった共通項をもつ人材である。海外進出を目指す会社は、経営資源としての彼らをどのように活かしてゆくのかという課題と向き合う必要があり、その場合に、グロー

●カスタマイズ：customizeの和製英語であり、本来的にはつくり変えるといった意味合いをもつ用語である。会社が提供する商品やサービスは、消費者のニーズに合わせながらカスタマイズしてゆく必要があり、こうした営為が会社の経営努力に含まれている。

バル人材にどのような経験や職歴を求めるか、どのように選抜するか、どこに配置すべきか、どのように評価すべきか、どのように育成するか、といった対人的な観点や、グローバル人材の割合をどのように配分するか、彼らを意識しながらの社内ルールをどのように策定するか、といった組織全体としての観点が要求されることとなる。また、その場合に経営者、評価担当者、育成担当者などには、グローバル人材を有効に活用しうるような高度な対応力が求められることとなるのである。

　このような取り組みを通じながら会社の海外進出は進み、グローバル化された世界に通用する成果が生まれつつあるのが現在であるが、ここで、私たちは、一方の国内市場への対応について忘れるべきではない。少子高齢化が進展し、国内需要が低下するのは自明の理であるのと同時に、過度の海外進出の傾向となれば、国内拠点や雇用が縮小し、いわゆる国内産業の**空洞化現象**を発生させ、ひいては国内経済を停滞させてしまう可能性が高い。このように予見される問題と、会社の海外進出を同次元なものとして考えてゆくことが重要なことであり、たとえば、海外進出を通じて現地で獲得したさまざまな経営資源、たとえばグローバル人材などを国内での活動へと還流させる、あるいは、海外・国内それぞれにバランスのよい拠点を整序する、海外で獲得したノウハウや技術を国内産業の躍進に資するイノベーションへとつなげる環境を整備する、などを提起できるだろう。それらは、あくまでも会社の自由な活動がもつ可能性を前提としているが、それを、ある程度義務づける意味からしても国策レベルでの誘導も必要であるといえる。

(2) IT化社会と会社の関係性

1）IT産業の躍進

　会社を取り巻く環境は、世界的なグローバル化の流れの中で形成され、それと歩調を合わせるがごとき活動が求められているのが昨今の世の中である。そのような社会の広範化に大きく寄与した要因として情報通信技術を中心としたIT化といった現象が挙げられる。その内容や、会社全体に求められる対応については、すでに第9章で解説を施したが、ここでは、改めてIT化の波をビジネスチャンスとしてダイレクトにとらえた情報通信産業といった業界に焦点をあてながら、未来志向としての会社の課題を考えてゆきたい。

　この業界は、「日本の情報通信産業の範囲」『情報通信白書　平成30年版』における整理（表1）のように、大枠として、通信業、放送業、情報サービス業、インターネット附随サービス、映像・音声・文字情報制作業、情報通信関連製造業、情報通信関連サービス業、情報通信関連建設業、研究

●**空洞化現象**：　中心部の空虚化や、本質の欠落により形骸化する現象をさす表現。産業の空洞化現象といった場合には、対外関係や為替変動などの各種要因により、生産体制が外国へと移転し、国内産業が過疎化する状況を示すこととなる。

表1　情報通信産業の範囲

1. 通信業	
	固定電気通信、移動電気通信、電気通信に付帯するサービス
2. 放送業	
	公共放送、民間放送、有線放送
3. 情報サービス業	
	ソフトウェア、情報処理・提供サービス
4. インターネット附随サービス	
	インターネット附随サービス
5. 映像・音声・文字情報制作業	
	映像・音声・文字情報制作業、新聞、出版、ニュース供給、情報通信産業の範囲
6. 情報通信関連製造業	
	電子計算機・同付属装置製造、有線通信機械器具製造、無線通信機械器具製造、その他の電気通信機器製造、電子管製造、半導体素子製造、集積回路製造、液晶パネル製造、磁気テープ・磁気ディスク製造、その他の電子部品製造、ラジオ・テレビ受信機・ビデオ機器製造、通信ケーブル製造、事務用機械器具製造、電気音響機械器具製造、情報記録物製造
7. 情報通信関連サービス業	
	情報通信機器賃貸業、広告業、印刷・製版・製本業、映画館・劇場等
8. 情報通信関連建設業	
	電気通信施設建設
9. 研究	
	研究

出典）総務省「日本の情報通信産業の範囲」『情報通信白書　平成30年版』より作成

といった業種により形成され、さらに、たとえば情報サービス業であれば、第2章において既出の「日本標準産業分類」が示唆するように、その中身は図1のように細分化され、ゲームソフトウェア業であればそれを本業とする数多くの会社が存在する、ということとなる。

■情報サービス業
・管理、補助的経済活動を行う事業所
　　主として管理事務を行う本社等
　　その他の管理、補助的経済活動を行う事業所
・ソフトウェア業
　　受託開発ソフトウェア業
　　組込みソフトウェア業
　　パッケージソフトウェア業
　　ゲームソフトウェア業
・情報処理・提供サービス業
　　情報処理サービス業
　　情報提供サービス業
　　市場調査・世論調査・社会調査業
　　その他の情報処理・提供サービス業

図1　IT関連産業としての情報サービス業の内訳
出典）総務省『日本標準産業分類』（平成26年4月1日施行）

このように形成される情報通信産業、すなわちIT産業の規模は、同白書が提供するいくつかの指標に基づきながら把握することができる。たとえば、2016年段階におけるIT産業の市場規模を名目国内生産額からみてみると、全産業の中において最大規模を占める94兆4000億円（全産業の9.6％）であり、日本の経

済をけん引する**フラッグシップ**としての役割を担っていることがわかる。また、同産業を形成する全5519社における雇用者数が394万9000人（全産業の5.8％）を数えているところから、就業における選択肢として完全に定着したことも理解できる。さらに、たとえば、飲食サービス業においてタッチパネル形式の情報通信により注文をとる、などといった例にみられるように、IT産業の経済波及効果についてみてみると、同産業の付加価値誘発額は82兆1000億円、雇用誘発数は823万7000人であり、同産業とその他の産業の間における相乗効果を期待した全産業的な取り組みが進められていることがわかる。

これらの数量的な把握は、全産業がもはや情報通信技術を看過できない社会が常態化していることを意味しており、このような現況において、IT産業における科学技術研究費が3兆6715億円（全産業の27.6％）を計上していることは、常にイノベーションを模索し続けなければならない産業としての体質を示唆しているのと同時に、その他の産業に比すれば、研究を通じた発展がさらに見込める分野であることを物語っているといえる。

IT産業の将来性は上記からしてもきわめて有望であるが、とくに期待されている点についても触れておくべきだろう。まずは、新たな情報通信技術の改良や発見が、汎用技術としてその他の産業へと派生して新たな商品やサービスの開発へとつながり、さらにそれらを意識しながら、また新たなイノベーションが発生する、といった循環的な発展が期待できる点が挙げられる。また、会社経営といった観点からすると、IT産業の提供するアイデアがさまざまな会社の生産活動や流通活動の効率化や、その生産性の向上に寄与することは容易に予測できることであり、情報通信技術に対する全産業の需要とそれへの供給源、すなわちIT産業側の関係が相乗効果も含めてさらに密接化してゆくこととなるだろう。さらに、グローバル化といった側面を加味すれば、新興国を中心にIT技術やサービスの需要拡大が見込めるところから、こうした海外需要に焦点を置きながらの活動に期待がもて、国内市場と海外市場の双方を開拓しうる可能性をもつ分野としてIT産業が位置しているといえる。

2）IT人材の育成について

日本の全産業の発展のためには、もはやIT産業がその基盤と化していることは先にみたところであるが、実際的に業務の効率化をはかり生産性の向上の実現や、新たなイノベーションを現実化するためには経営資源であるヒトの役割はきわめて重要である。ことさら、第9章でもふれた情報セキュリティに対する意識が高まりをみせ、ITに関連する投資が増大し、自動運転や人工知能（AI：Artificial Intelligence）、あるいは生体認証や**ビッグデータ**などITを活用した商品・サービスの開発にビジネスチャンスを

●フラッグシップ： flagshipの和製英語であり、艦隊の司令官が乗船する旗艦を意味する用語。会社におけるフラッグシップといった湯合に、その会社を社会にアピールすべく重要拠点の店舗や、会社の成長に大きな寄与が期待される主力商品を意味するケースが多い。

●ビッグデータ： big dataの和製英語であり、インターネットの普及にともない、生成、蓄積された大容量のデータ・情報をさす。個人情報や個人の活動の記録が日々膨大に生成されていく昨今において、このデータを分析しながら経営活動へと活用してゆく方向性が一般的になってきている。

求める方向性が多くの産業分野から示されている。現在、情報通信技術に専門的な知識をもつ、あるいはその業務をこなしうる人材の確保や、その育成が求められてくる。すなわち、会社はIT人材を重宝しながらの活動を行う必要性が求められてくるのである。

その場合に、情報処理推進機構の監修による『IT人材白書2018』ならびに経済産業省の『IT人材の最新動向と将来推計に関する調査』（2015年度調査）に所収された各種データや指摘は、IT人材の可能性ならびにそれと会社の関わりを未来志向として理解するうえで示唆に富む。それらによれば、2017年段階において、IT企業に働くIT人材の数は91万2000人、製造業や建設業などユーザー企業内のIT人材の数は28万4000人、すなわち、IT人材の総計は119万6000人である。この数値は、会社の活動においてIT社会の発展に呼応すべき人材が多数存在することを意味しているが、一方で、IT企業のIT人材の量に対する不足感が90.5％、さらに、IT人材の質に対する不足感が92.9％にものぼっている。

また、2015年段階でこのIT人材が現実として17万人不足し、その後の予測として、2020年には29万人、2030年には59万人の不足規模へと拡大することがすでに指摘されているところから、IT人材が慢性的に質・量ともに過度に不足している状況が継続しているといえる。さらに補足すれば、とくに、IT産業をけん引するフラッグシップに該当する先端ITの分野の中でも、ビッグデータ、人工知能（AI）、ロボット、**IoT**の分野において大幅な不足が予測されていることは注目される。いずれにしても、IT人材を必要とする市場の規模は今後も拡大することが予測されることから、IT人材の需要に対する量的・質的な不足をいかに解決してゆくかが当面の課題であるといえる。

こうした背景に基づきながら、会社は人材確保についての対策を早急に打ち出す必要があるが、その場合に、業務の効率化やコスト削減を主な目的とする「課題解決型」の業務、あるいは、新しいビジネスや新しい価値を次々に創出することを目的とする「価値創造型」の業務それぞれに卓越したIT人材を確保する必要性が求められてくる。具体的には、IT業務の全般的な知識・実務ノウハウや高い技術力をもち、業務遂行における着実さや正確さ、そして速さを備え、ITの経験をベースにした問題発見能力や解決力を有する人材が求められる。さらには、顧客要求への対応力としてのITスキルをもち、そしてそれらを包括するような新しい技術への好奇心や適応力を兼ね備えた人材の発掘、あるいは育成も要求されることとなるのである。

このような方向性は、やはり会社の経営者、管理者側の主導により推進されることとなり、当然のことながら、彼らに対して求められる資質もあ

● **IoT**： Internet of Thingsの略称であり、モノのインターネットと訳されるケースが多い。インターネット＝コンピュータといった常識を超えて、家電製品とインターネットなど、さまざまなモノとインターネットをつなげることにより、生活の利便性をはかり、それをビジネスモデル化してゆく方向性を表した概念である。

る。それは一つ目として、ITが会社の経営に与える影響やその効果について熟知し、その活用、とくに導入についての計画や意思決定に主体的に関わってゆく必要性を常に自覚し続けることである。また、二つ目としては、会社経営の効率化や生産性の向上につながるようなIT活用法を模索し、その技術の具体的な活用により新たな商品・サービス、あるいは新たなビジネスモデルの開発を可能性として追求してゆく姿勢を保つことにある。

これらを含意しながら、ITならびにIT人材の有効活用を経営方針に取り込んでゆくことが求められる。具体的には、IT化に適した組織体制の確立や、社内ルールの策定、IT人材の獲得ならびに社内における教育システムの導入、技術的な機器の導入や、それら全般に関わるIT関連の予算配分、さらには、IT化にともなうリスクの把握とそれへの対応策の予備などを考慮してゆかなければならないだろう。なお、こうした趨勢は国策として推進すべき課題となっており、**IT経営憲章**が策定されていることを付記しておきたい。

(3) 働き方の変化と会社の関係性

1) 雇用形態の変化とその課題

現在、会社の活動は正規雇用と非正規雇用の組合せに基礎を置きながら行われ、それに自営業者を加えた労働人口により日本の社会が形成されている。2017年における総務省統計局の「労働力調査」によれば、役員を除く雇用者5460万人のうち、正規雇用の職員・従業員の数は3423万人で、前年比56万人の増加、非正規雇用のそれは2036万人（表2）で、前年比13万人の増加、といった調査結果が出ているように、パート・アルバイト、契約社員、派遣社員、嘱託と細分化される非正規雇用といった形態が社会的に常識的なものとしてほぼ定着していることがわかる。この傾向は、会社側の意向として、コストの面から非正規雇用に対する需要が高まったことや、表2にみられるように、非正規雇用において70％の割合を占める女性の就業上の特徴、**男女雇用機会均等法**の施行や**男女共同参画社会**プランの推進によるライフスタイル観の変化などの影響として理解できる。

このような現況が観察される雇用形態は今後、どのように変化してゆくのだろうか。その場合に、現在進行形の課題である人口減少、ならびに少子高齢化の問題を考慮しなければならない。国立社会保障・人口問題研究所の指摘（『日本の将来推計人口（平成29年推計）』）によれば、2008年を境として総人口が減少に転じたわが国において、2015年段階で1億2709万人を数える総人口は2040年には1億1092万人、2053年には1億人を割る9924万人、2065年には8808万人になるものと推計されている。また、労働者の数とおおいに関連のある人口構成については、同年段階での調査を

●**IT経営憲章**： 日本社会におけるIT経営のありかたを模索する目的下に、政・財・官からなるIT経営協議会において、2008年6月に採択された憲章。「経営とITの融合」・「見える化」・「リスク管理」など、IT経営の実践における10原則を内容としている。

●**男女雇用機会均等法**： 雇用における男女の平等の確保を目指した法律であり、1985年に制定され1997年に一部改正されている。募集や採用、昇給や昇進などについて男女間の差別を禁じるだけでなく、女性にとっての家庭と仕事の両立が意図されているところが特徴的である。

●**男女共同参画社会**： 男女共同参画社会基本法（1999年）に基づいた政策的な誘導をさす。男女間の差別をなくしながら、それぞれ個々の人間がその意欲によりさまざまな分野での活動に参加する機会を整備し、そこでの自己実現や社会貢献が期待されている。

表2　年齢階級別非正規の職員・従業員の内訳（2017年）

(万人)

		総数	15～24歳	25～34歳	35～44歳	45～54歳	55～64歳	65歳以上
非正規の職員・従業員	男女計	2036	240	274	372	413	421	316
	男	647	114	89	66	59	149	170
	女	1389	126	185	306	354	273	146
内訳							
パート・アルバイト	男女計	1414	206	169	260	303	261	215
	男	324	98	42	26	22	43	92
	女	1090	108	127	234	280	217	123
労働者派遣事務所の派遣社員	男女計	134	10	31	35	32	14	13
	男	53	4	12	11	10	7	8
	女	81	5	19	24	22	8	4
契約社員	男女計	291	18	56	53	51	73	40
	男	156	9	26	22	19	48	32
	女	135	9	30	32	32	25	8
嘱託	男女計	120	2	7	10	13	56	31
	男	75	1	3	2	3	41	26
	女	45	1	5	8	10	15	6
その他	男女計	78	5	11	12	14	18	17
	男	40	3	6	5	5	10	12
	女	38	2	5	7	9	8	5

出典）総務省統計局『労働力調査（詳細集計）平成29年（2017年）平均（速報）』より作成

通じて、15歳～64歳の生産年齢人口数が7728万人、65歳以上の高齢人口数が3387万人であり、労働力の数値的動向を表す前者は2040年には6000万人を割ることも指摘されている。

これらの指標は、長期的に人口減少社会、ならびに少子高齢化社会が進展し続けることを示唆しており、国内需要の減少、労働力不足、国際競争力の低下、社会保障制度の崩壊、財政危機、地方の過疎化、地域間コミュニティの崩壊、などといった諸問題の深刻化をもたらすこととなる。

会社は、このような社会的、経済的、文化的な条件を十分に考慮しながら経営を行ってゆかなければならず、とくに、労働力の低下傾向を見据えながら、人的資源をどのように確保、維持してゆくか、女性や高齢者、外国人などからどのような人的資源としての可能性を見いだせるか、あるいは、人的資源の離脱を回避させるためにはどのような経営が適切か、といった課題と向き合わなければならない。その場合に、先述したIT技術を活用した経営コストの効率化、就業環境、たとえば、在宅勤務といったスタイルなどを導入し、必要な労働力を確保してゆく必要があるだろう。

2）可能性としての就業形態の変化

人口減少ならびに少子高齢化社会といった時代的特性は、現在の正規・

非正規雇用の枠組みを大胆に変革してゆく可能性を秘めているといえるが、加えて、日本人の平均寿命の伸長や健康志向の進展についても考慮しなければならない。60歳での定年退職により悠々自適の老後といった従来のイメージに比すれば、70歳、75歳まで働き、健康を維持しながらの老後、というように、人生のありかたも変化してきている。したがって、それらを全般的な課題としながら、会社側からも労働者側からも、時勢に適した働き方を模索してゆく必要がある。

その場合に、**フレックスタイム**制の導入や、ITの活用により、在宅や**サテライトオフィス**といった勤務形態をとるテレワークの積極活用、副業や兼業の是認、などが政府や会社を中心としながら推進され、NPOやNGOといった営利をともなわない組織での活動も一般化するなど、さまざまな働き方の選択肢が増えてきているのも事実である。そうした多彩な生き方をより一層実りのあるものとし、さらなる適切な選択肢を増やしてゆくためには、経営資源として会社の活動を支える人間の実生活や人生にとっての理想的な状況とは何か、といった観点を基礎に置きながら考えてゆく必要がある。たとえば2007年に「**仕事と生活の調和憲章**」が日本政府の主導により策定されたように、「仕事と生活の調和」、すなわちワーク・ライフ・バランスを強く意識することが大切である。これは、人間の人生は働き方、健康、家族・家庭、子育て、介護、地域活動、趣味・自己啓発などを調和のとれたものとして混在させながら形成してゆくべきであり、とくに、仕事とそれ以外の生活との調和を強く意識した考え方である。

こうした啓発を実現するためには、個々の人間の経済的自立や、多様な働き方や生き方、または、健康で豊かな生活のための時間の確保などをそれぞれ可能なものとした社会環境を整備する必要があるが、いまだ一般化したとはいいがたい状況である。したがって、日本政府、地方自治体、会社、働き手などすべての国民が教育再生、少子高齢化対策、男女共同参画、コミュニティの振興や再生などを意識しながら具体的な取り組みを行い、新時代の社会環境を整備してゆくことが重要であり、その道程において、新たな就業形態が理想的なものとして現れることを期待すべきであろう。

●フレックスタイム： flextimeの和製英語であり、始業や終業の時刻や、労働時間などを労働者自身が決定することができる方式をさす。個人の生活において効率的な業務を行うことができる反面、同僚との時間調整が難しくなるなどといったデメリットもある。

●サテライトオフィス： satellite officeの和製英語であり、会社の本社、あるいは官公庁の本庁などから離れた場所に設置された職場をさす。惑星（＝本社）の回りに衛星（＝サテライト）があるイメージから想起されたオフィスの形態である。

●仕事と生活の調和（ワーク・ライフ・バランス）憲章： 国民全体の仕事と生活の調和の実現を国全体で推進するために、日本政府が2007年12月に策定した憲章。目的の実現のために、社会的な機運の醸成や、制度の構築、あるいは環境整備などを内包している。

- □ グローバル化の意味について整理しましょう。
- □ グローバル化の進展にともなう功罪についてそれぞれ指摘しましょう。
- □ グローバル化の趨勢下においてどのような人材育成が効果的なのか提案しましょう。
- □ IT産業を構成するさまざまな分野について整理しましょう。
- □ IT産業の将来性と、どのような開発が行われているのかを調査しましょう。
- □ 会社の活動に有益なIT人材の育成方法を提案しましょう。
- □ 時代背景を考慮しながら、雇用形態の変化を変遷史として整理しましょう。
- □ 人口減少が予測されている現在の日本において、会社が取り組むべき課題を列挙しましょう。
- □ 時代的趨勢としての少子高齢化社会に対して、会社はどのように対応すべきか提案しましょう。
- □ ワーク・ライフ・バランスの理想的な実現に寄与しうるアイデアを提案しましょう。

Check

引用・参考文献一覧

第1章　経営学の成り立ち
- 齋藤雅子『ビジネスを学ぶ基礎ゼミナール』同文舘、2015年
- 永冨光夫『経営学入門』税務経理協会、1976年
- 日本学術会議「大学教育の分野別質保証推進委員会経営学分野の参照基検討分科会」『報告　大学教育の分野別質保証のための教育課程編成上の参照基準　経営学分野』日本学術会議、2012年
- 藤村博之・洞口治夫編『現代経営学入門―21世紀の企業経営―』ミネルヴァ書房、2001年
- 村松司叙『現代経営学総論（第2版）』中央経済社、1998年
- 経営学検定ホームページ　http://www.mqt.jp/
- 独立行政法人情報処理推進機構ホームページ　情報処理技術者試験
　https://www.jitec.ipa.go.jp/1_08gaiyou/_index_gaiyou.html
- 日本商工会議所簿記検定ホームページ　https://www.kentei.ne.jp/bookkeeping/
- マーケティング・ビジネス実務検定ホームページ　http://www.marke.jp/

第2章　会社とは何か
- 後藤紀一『新会社法』晃洋書房、2008年
- 佐藤俊夫『基本経営学』高文堂、1981年
- 白土健・岸田弘『フランチャイズ・ビジネス概論』創成社、2009年
- 前田卓雄「企業論」片山富弘・山田啓一編著『経営学概論』同友館、2014年
- 前田庸『会社法入門（第11版補訂版）』有斐閣、2006年
- 松井英樹「新・会社法における会社の営利性」『中央学院大学法学論叢』21巻1号、2007年
- 国税庁『統計情報　会社標本調査結果』（税務統計から見た法人企業の実態）
　https://www.nta.go.jp/publication/statistics/kokuzeicho/tokei.htm
- 総務省『日本標準産業分類』（平成26年4月1日施行）
　http://www.soumu.go.jp/toukei_toukatsu/index/seido/sangyo/02toukatsu01_03000023.html
- 内閣府『政府広報オンライン　官公庁サイト一覧』
　https://www.gov-online.go.jp/topics/link/index.html
- 法務省『会社法改正（平成27年5月1日施行）内外の投資家から信頼される日本企業を目指して』
　http://www.moj.go.jp/content/001137658.pdf

第3章　会社の活動について
- 秋山義継編著『経営学―コンパクト基本演習―』創成社、2015年
- 岸田民樹・田中政光『経営学説史』有斐閣、2009年
- 塩次喜代明・小林敏男・高橋伸夫『経営管理』有斐閣、2009年
- 徳永善昭『戦略経営管理理論』白桃書房、1995年
- ペンローズ，E. T.著、末松玄六訳『会社成長の理論（第2版）』ダイヤモンド社、1980年
- 前田卓雄「企業論」片山富弘・山田啓一編著『経営学概論』同友館、2014年
- 守屋貴司・近藤宏一編著『はじめの一歩　経営学―入門へのウォーミングアップ（第2版）』ミネルヴァ書房、2012年
- 経済産業省『経営資源再活用計画』
　http://www.meti.go.jp/policy/jigyou_saisei/sankatsuhou/outline/plan-b.html
- 経済産業省『経営資源融合計画』
　http://www.meti.go.jp/policy/jigyou_saisei/sankatsuhou/outline/plan-c.html

第4章　組織としての会社
- 占部都美『改訂　経営学総論（現代経営学全集）第1巻』白桃書房、1985年
- 岸田民樹編著『組織論から組織学へ―経営組織論の新展開―』文眞堂、2009年
- 桑田耕太郎・田尾雅夫『組織論』有斐閣、1998年
- 佐藤俊夫『基本経営学』高文堂、1981年
- 永冨光夫『経営学入門』税務経理協会、1976年
- 松岡弘樹「経営組織」秋山義継編著『経営学総論』八千代出版、2009年
- 村松司叙『現代経営学総論（第2版）』中央経済社、1998年
- 森本三男『経営学入門（増補版）』同文舘、1984年
- 独立行政法人労働政策研究・研修機構「ケース研究―非製造業―【事例6】総合商社F社の場合」『調査研究報告書　No.107　管理職層の雇用管理システムに関する総合的研究（下）』（1998年3月発表）http://db.jil.go.jp/db/seika/zenbun/E2000014501_ZEN.htm

第5章　会社の経営計画について
- 飯野邦彦「経営計画」秋山義継編著『経営学総論』八千代出版、2009年
- 占部都美『改訂　経営学総論（現代経営学全集）第1巻』白桃書房、1985年
- 大滝精一・金井一頼・山田英夫・岩田智『経営戦略―論理性・創造性・社会性の追求―（第3版）』有斐閣、2016年
- 齋藤直機『経営学―経営計画と経営戦略―』丸善プラネット、2007年
- 佐藤俊夫『基本経営学』高文堂、1981年
- 関口操『経営学総論（増補版）』中央経済社、1986年
- 永富光夫『経営学入門』税務経理協会、1976年
- 村松司叙『現代経営学総論（第2版）』中央経済社、1998年
- 森本三男『経営学入門（増補版）』同文舘、1984年

第6章　マーケティングについて
- 石井淳蔵・廣田章光・坂田隆文編著『1 からのマーケティング・デザイン』碩学舎、2016年
- 岸志津江・田中洋・嶋村和恵『現代広告論（第3版）』有斐閣、2017年
- 久保田進彦・澁谷覚・須永努『はじめてのマーケティング』有斐閣、2013年
- コトラー, P., アームストロング, G., 恩藏直人『コトラー、アームストロング、恩藏のマーケティング原理』丸善、2014年
- コトラー, P., ケラー, K. L. 著、恩藏直人監修『コトラー＆ケラーのマーケティング・マネジメント（第12版）』丸善、2014年
- 和田充夫・恩藏直人・三浦俊彦『マーケティング戦略（第5版）』有斐閣、2016年

第7章　会社の経営戦略について
- 相原修『ベーシックマーケティング入門（第3版）』日本経済新聞社、2003年
- アンゾフ, H. I. 著、広田寿亮訳『企業戦略論』産業能率短期大学出版部、1969年（Ansoff, H. I., *Corporate Strategy*, McGraw-Hill, 1965）
- アンゾフ, H. I. 著、中村元一・黒田哲彦訳『最新・戦略経営』産業能率大学、1990年（Ansoff, H. I., *The New Corporate Strategy*, Wiley, 1988）
- 池尾恭一・青木幸弘・南知恵子・井上哲浩『マーケティング』有斐閣、2010年
- 石井淳蔵・奥村昭博・加護野忠男・野中郁次郎『経営戦略論（新版）』有斐閣、2002年
- 石井淳蔵・栗木契・嶋口充輝・余田拓郎『ゼミナール　マーケティング入門（第2版）』日本経済新聞出版社、2013年
- 石井淳蔵・嶋口充輝『現代マーケティング（新版）』有斐閣、1995年
- 井原久光『ケースで学ぶマーケティング（増補版）』ミネルヴァ書房、2001年
- 井原久光『テキスト経営学―基礎から最新の理論まで―（増補版）』ミネルヴァ書房、2005年
- エーベル, D. F. 著、石井淳蔵訳『新訳　事業の定義―戦略計画策定の出発点―』碩学舎、2012年（Abell,

- D. F., *The Starting Point of Strategic Planning*, Prentice-Hall, 1980）
- 遠藤健哉「資源ベース・アプローチと能力ベース・アプローチ」十川廣國編著『経営戦略論（第2版）』中央経済社、2013年
- 小川孔輔『マーケティング入門』日本経済新聞出版社、2009年
- カーレフ，B. 著、土岐坤・中辻萬治訳『入門企業戦略事典―実践的コンセプト＆モデル集―』ダイヤモンド社、1990年（Karlof, B., *Business Strategy*, The Macmillan Press, 1989）
- 片山富弘「事業領域」嶋口充輝・内田和成・黒岩健一郎編著『1からの戦略論（第2版）』中央経済社、2016年
- 金森久雄・荒憲治郎・森口親司編『有斐閣経済辞典（第5版）』有斐閣、2013年
- 琴坂将広『経営戦略原論』東洋経済新報社、2018年
- 白土健「経営戦略」秋山義継編著『経営学総論（第2版）』八千代出版、2010年
- 関舎直博「パナソニックの全社戦略」沼上幹・一橋MBA戦略ワークショップ『戦略分析ケースブック』東洋経済新報社、2012年
- 田岡信夫『ランチェスター販売戦略 第3巻 テリトリー戦略』ビジネス社、1973年
- 田岡信夫『実践ランチェスター法則』ビジネス社、1975年
- 田村正紀『マーケティングの知識』日本経済新聞社、1998年
- 寺本義也・岩崎尚人編『経営戦略論』学文社、2004年
- 野口貞一朗「ランチェスター戦略」宣伝会議編『マーケティング・コミュニケーション大辞典』宣伝会議、2006年
- バーニー，J. B. 著、岡田正大訳『企業戦略論（上・中・下）』ダイヤモンド社、2003年（Barney, J. B., *Gaining and Sustaining Competitive Advantage*, Second Edition, Prentice-Hall, 2002）
- コトラー，P.，アームストロング，G.，恩藏直人『コトラー、アームストロング、恩藏のマーケティング原理』丸善、2014年
- コトラー，P.，ケラー，K. L. 著、恩藏直人監修『コトラー＆ケラーのマーケティング・マネジメント 基本編』ピアソン・エデュケーション、2008年（Koler, P. and L. K. Keller., *A Framework for Marketing Management*, Third Edition, Prentice-Hall, 2007）
- ポーター，M. E. 著、土岐坤・中辻萬治・小野寺武夫訳『競争優位の戦略』ダイヤモンド社、1985年（Poter, M. E., *Competitive Advantage*, Free Press, 1985）
- ポーター，M. E. 著、竹内弘高訳『競争戦略論 Ⅰ・Ⅱ』ダイヤモンド社、1999年（Poter, M. E., *On Competition*, Harvard University Press, 1998）
- 宮澤永光監修『基本流通用語辞典（改定版）』白桃書房、2007年
- レビット，T. 著、有賀裕子・DIAMONDハーバード・ビジネス・レビュー編集部訳『T. レビット マーケティング論』ダイヤモンド社、2007年（Levitt, T., *Levitt on Marketing*, Harvard Business School Press, 2001）
- 和田充夫・恩藏直人・三浦俊彦『マーケティング戦略（第4版）』有斐閣、2012年
- ALSOKホームページ http://www.alsok.co.jp
- 公益財団法人日本心臓財団ホームページ http://wwww.jhf.or.jp
- （ホームページはいずれも2018年11月26日現在）

第8章 会社とお金の関係

- 伊藤忠治「経営と財務の役割」長坂寛・所伸之・織田善慨・尾上宏・伊藤忠治・守田峰子編著『経営学総論』同文書院、1993年
- 熊野雅之『企業・家計・銀行の財務管理モデル』税務経理協会、2006年
- 佐藤俊夫『基本経営学』高文堂、1981年
- 日野修造「財務会計と財務管理」片山富弘・山田啓一編著『経営学概論』同友館、2014年
- 広瀬義州『財務会計（第13版）』中央経済社、2015年
- 村松司叙『現代経営学総論（第2版）』中央経済社、1998年
- 国税庁『帳簿の記帳のしかた―事業所得者用―』
 https://www.nta.go.jp/taxes/shiraberu/shinkoku/kojin_jigyo/kichou03.pdf

第 9 章　会社と情報

- 金山茂雄「経営情報」秋山義継編著『経営学総論』八千代出版、2009 年
- 金山茂雄「情報セキュリティ」秋山義継編著『経営学総論』八千代出版、2009 年
- 木下和也「経営情報システム」片山富弘・山田啓一編著『経営学概論』同友館、2014 年
- 立川丈夫『経営情報システム論―その環境と概念の歴史的考察―』創成社、1996 年
- 遠山暁・村田潔・岸眞理子『経営情報論』有斐閣、2015 年
- 槇谷正人「現代企業と情報管理」犬塚正智編著『経営学ベーシックプラス』同文館、2014 年
- 宮川公男・上田泰編著『経営情報システム（第 4 版）』中央経済社、2014 年
- 総務省「インターネットの利用者数及び人口普及率の推移」『情報通信白書　平成 29 年版』
  http://www.soumu.go.jp/johotsusintokei/whitepaper/ja/h29/html/nc262120.html

第 10 章　会社にとっての課題

- 井上泉『企業不祥事の研究―経営者の視点から不祥事を見る―』文眞堂、2015 年
- 椎野裕美子「M＆A と買収防衛策」土方千代子・椎野裕美子『経営学の基本がきっちりと理解できる本』秀和システム、2012 年
- 白石賢『企業犯罪・不祥事の法政策―刑事処罰から行政処分・社内処分へ―』成文堂、2007 年
- 白石賢『企業犯罪・不祥事の制度設計―インセンティブに基づく制度設計のすすめ』成文堂、2010 年
- 中村聡一『M＆A と経営―価値志向のマネジメント―』NTT 出版、2005 年
- 服部暢達『M＆A―成長の戦略―』東洋経済新報社、1999 年
- 水村典弘『現代企業とステークホルダー―ステークホルダー型企業モデルの新構想―』文眞堂、2004 年
- 三戸浩・池内秀己・勝部伸夫『企業論』有斐閣、2011 年
- 村松司叙『現代経営学総論（第 2 版）』中央経済社、1998 年
- Carroll, A. B. and A. K. Buchholtz., *Business and Society: Ethics and Stakeholder Management*, Mason, Thomson, 2003

第 11 章　未来の会社のありかたとは

- 遠藤ひとみ『経営学を学ぶ』勁草書房、2011 年
- 太田進一編著『IT と企業政策』晃洋書房、2004 年
- 椎野裕美子「グローバリゼーション」土方千代子・椎野裕美子『経営学の基本がきっちりと理解できる本』秀和システム、2012 年
- 林倬史編著『IT 時代の国際経営』中央経済社、2000 年
- 平澤克彦・中村艶子編著『ワーク・ライフ・バランスと経営学―男女共同参画に向けた人間的な働き方改革―』ミネルヴァ書房、2017 年
- 村上文『ワーク・ライフ・バランスのすすめ』法律文化社、2014 年
- 元橋一之『グローバル経営戦略』東京大学出版会、2013 年
- 山田啓一「国際化とグローバル化」片山富弘・山田啓一編著『経営学概論』同友館、2014 年
- 経済産業省『IT 人材の最新動向と将来推計に関する調査』（平成 27 年度調査研究レポート）
  http://www.meti.go.jp/policy/it_policy/jinzai/27FY_report.html
- 国立社会保障・人口問題研究所『日本の将来推計人口（平成 29 年推計）』
  http://www.ipss.go.jp/pp-zenkoku/j/zenkoku2017/pp29_ReportALL.pdf
- 情報処理推進機構『IT 人材白書 2018』
  https://www.ipa.go.jp/jinzai/jigyou/hakusho_dl_2018.html
- 総務省「日本の情報通信産業の範囲」『情報通信白書　平成 30 年版』
  http://www.soumu.go.jp/johotsusintokei/whitepaper/ja/h30/pdf/index.html
- 総務省『日本標準産業分類』（平成 26 年 4 月 1 日施行）
  http://www.soumu.go.jp/toukei_toukatsu/index/seido/sangyo/02toukatsu01_03000023.html
- 総務省統計局『労働力調査（詳細集計）平成 29 年（2017 年）平均（速報）』
  http://www.stat.go.jp/data/roudou/sokuhou/nen/dt/index.html

索　　引

ア　行

ISO	109
IoT	114
ICT	88
IT 経営憲章	115
e コマース	88
一元化	28
１％クラブ	99
イノベーション	20
インフラ整備	15
迂回攻撃	71
AED	67
エジソン，トーマス	14
SNS	94
NGO	1
NPO	1
M＆A	14
OECD	89
OJT	35
Off-JT	35

カ　行

会計	82
買回品	55
カウンターフィター戦略	71
価格弾力性	56
課業	27
革新度	51
カスタマイズ	110
寡占化	103
元本	84
管理能力	31
企業博物館	99
規模の経済性	69
キャッシュフロー計算書	82
競合	45
協働	35
空洞化現象	111
経営	2
経営学	1
経営経済学	3
経営判断	13
経済学	1
経済指標	91
経済成長率	41
経済レント	73
ケイパビリティ	72
経理	82
決算公告	12
決算書	86
コア・コンピタンス	73
工業規格	109
綱領	39
顧客	71
顧客機能	65
顧客層	65
顧客満足度	40
コスト・カット	28
固定資産評価基準	86
コトラー，フィリップ	48
コンピュータ・ウイルス	93
コンプライアンス	105

サ　行

財務	82
財務計画	42
サテライトオフィス	117
参謀	31
CSR	98
GDP	41
CD-ROM	109
ジェンダー・バランス	33
仕事と生活の調和憲章	117
市場細分化戦略	69
市場シェア	70
市場セグメント	70
指紋認証	22
社是・社訓	39
『ジャパン・アズ・ナンバーワン』	4
就業規則	35
出資者	10
商学	1
償還期限	83
上場企業	5
『情報通信白書』	90
正面攻撃	71
職位	26
職務	26
新規参入	25
新経済連盟	16
垂直統合	102

ステイクホルダー	63
成果主義	34
生体認証	22
製品ライフサイクル	67-8
成文化	38
税理士	7
設備投資	21
専門品	55
戦略的意思	30
相乗効果	14
ソーシャルメディア	90
側面攻撃	71
損益計算書	82

タ 行

貸借対照表	82
代替技術	65
多国籍企業	108
タックスヘイブン	106
短期経営計画	42
男女共同参画社会	115
男女雇用機会均等法	115
単品管理	73
知覚マップ	53
知的財産権	98
中期経営計画	42
長期経営計画	42
抵当権	84
テイラー・システム	3
適材適所	27
デジタル署名	92
登記	12
動機づけ	36
倒産	21
特許	45
トヨタ生産方式	4
ドラッカー，ピーター	49

ナ 行

日本銀行	9
年度経営計画	43

ハ 行

配当金	11
ハッキング	91
非探索品	55
ビッグデータ	113
PIMS	69
4P	54
フォロワー	36
不確実性	42
不買運動	105
フラッグシップ	113
フランチャイザー	14
フランチャイジー	14
ブランド力	19
フレックスタイム	117
ブロードバンド	89
プロモーション活動	69
PEST	41
ペンローズ，エディス	18
ポーター，マイケル・E	44
簿記	7
POSシステム	72-3

マ 行

ミッション	63
無限責任	10
無線LAN	94
持分会社	11
最寄品	55

ヤ 行

役員賞与	83
有限会社制度	9
有限責任	10

ラ 行

ランチェスター，フレデリック	71
リーダー	36
流通チャネル	70
ルーティン・ワーク	29
ロイヤリティ	14
労働基準法	33

ワ 行

ワーク・ライフ・バランス	117

執筆者紹介

白土　健　　大正大学人間学部教授　　　　　　　　　　　　　　　　　　　　　　　　［はじめに］
　　多摩大学大学院経営情報学研究科修了　修士（経営情報学）
　　主要著作：『なぜ、遊園地は子どもたちを魅きつけるのか？』（共著）創成社新書、2016 年
　　　　　　　『エクセレント・サービス＋（プラス）』（共著）創成社、2016 年

宮田　純　　大正大学教育開発推進センター特命准教授　［1〜5、8、9、10(2)(3)、11］
　　同志社大学大学院経済学研究科博士後期課程修了　博士（経済学）
　　主要著作：『互恵と国際交流』（共著）クロスカルチャー出版、2014 年
　　　　　　　『近世日本の開発経済論と国際化構想』（単著）御茶の水書房、2016 年

高柳直弥　　大正大学地域創生学部講師　　　　　　　　　　　　　　　　　　　　　［6、10(1)］
　　大阪市立大学大学院経営学研究科後期博士課程修了　博士（経営学）
　　主要著作：『イノベーションの普及過程の可視化—テキストマイニングを用いたクチコミ分析』（共著）日科
　　　　　　　技連出版社、2016 年
　　　　　　　『新時代の観光を学ぶ』（共編著）八千代出版、2019 年

井戸大輔　　拓殖大学商学部・目白大学短期大学部ビジネス社会学科講師　　　　［7、コラム 1、4、5］
　　日本大学大学院商学研究科博士後期課程満期退学　修士（商学）
　　主要著作：『現代商業学』（共著）慶應義塾大学出版会、2010 年
　　　　　　　『こども文化・ビジネスを学ぶ』（共著）八千代出版、2016 年

太田　実　　拓殖大学商学部教授　　　　　　　　　　　　　　　　　　　　　　　　［コラム 2、3］
　　立教大学大学院観光学研究科博士前期課程修了　修士（観光学）
　　主要著作：『新現代観光総論』（共著）学文社、2015 年
　　　　　　　『新時代の観光を学ぶ』（共編著）八千代出版、2019 年

成田晋也　　成田運輸株式会社事業開発マネージャー　　　　　　　　　　　　　　　　［事例紹介］
　　多摩大学大学院経営情報学研究科修了　修士（経営情報学）

成田智美　　成田運輸株式会社経営企画担当　　　　　　　　　　　　　　　　　［事例紹介（共同執筆）］
　　多摩大学大学院経営情報学研究科修了　修士（経営情報学）

詳しく学ぶ経営学

2019年3月14日第1版1刷発行

編著者 ― 白土　健・宮田　純
発行者 ― 森　口　恵美子
印刷所 ― 三光デジプロ
製本所 ― グリーン製本
発行所 ― 八千代出版株式会社

〒101-0061　東京都千代田区神田三崎町2-2-13
TEL　　　03-3262-0420
FAX　　　03-3237-0723

＊定価はカバーに表示してあります。
＊落丁・乱丁はお取換えいたします。

Ⓒ T. Shirado and J. Miyata et al., 2019
ISBN 978-4-8429-1741-2